起向高樓敲曉鐘

二版

一個杏壇園丁的教育情懷

吳正牧

黃序—敲完曉鐘起高樓

吳正牧校長是位奇人，他把中壢高商與武陵高中辦得這麼多元且卓越。最近他把這些經歷娓娓道來，寫成一本《**起向高樓敲曉鐘**》，在我看來**這是一位真誠的杏壇園丁，充分表達了他對教育的愛與情，並且在敲完曉鐘之後心中有夢，正在起造一座更大更寬廣的教育高樓**。

吳校長也是一位敢言直言的人，**他對教改與教育的本質見識不凡，像倡議「德育第一，五育並進」、「教改應以提高教學效果，提升教育品質為首要之務」等項，都是今日甚為珍貴的教育情懷**。

我曾做過台北市成功高中的家長會長，早知武陵沿革，但真正體會武陵的威力，是前兩年看到武陵同學在各項奧林匹亞競賽中的傑出表現；再翻閱武陵的各項表現，更**發現多元與卓越，是武陵擋不住的春天**。

我一向認為多元下的卓越，才是真正的卓越；不放棄每個學生的教育情懷，才是真正的多元教育。

在此謹向吳校長與武陵致上最高敬意，並祝吳校長趕快再寫下一本書！

黃榮村

二〇〇四、一〇、二五

陳序

在讀完這冊《起向高樓敲曉鐘》之後，我內心有著無比的興奮，我個人過去在從事教育及教育行政工作時，將教育定位為：「**增加受教者的心靈彈性**」，正是**《心靈地圖》**中「愛」的定義：「**滋養個人和他人心靈成長，進而擴充自我的意願。**」吳校長以愛及情來貫穿全書，實具有教育家的風範。

本書第一篇便**以新世紀的公民教育為首**，**道出未來社會重視家庭價值的傳統思維。文中將倫理的立論基礎及道德首重實踐的具體作為仔細敘說，它是一本學理與實務兼具的手冊。**

做為一位不同學校的舵手，作者呈現有如《孫子兵法》所言──「**水無常形**」般地融入壢商及武陵的特殊環境。如在壢商編印學科重點、開闢藝術天地；在武陵則由量的增加轉為質的提升、營造主動性和研究性學習的空間。均能恰如其分為提升同學的生活品質及態度而努力。

吳校長也曾服務公職，其做事的態度—有所為，有所不為。為社會及青年學子講出「統編本」及「一綱多本」的迷思，他具備了學者的修為—不畏權勢。

《起》一書，是適合校長、教師、學生、家長，及教育工作者仔細品味的好書。

民國九十三年十月

吳序

教育是教人成才、助人發展、使人為善的百年樹人希望工程；教育也是振興國家經濟、厚植國力、提升國民競爭力的重要關鍵。

走過十年教育改革的艱辛，挑戰升學主義、唯智教育與文憑至上的普世價值偏失，台灣今日的教育尤其需要睿智的領航、經驗的傳承、穩健的革新與永續的成長，以追求精緻、優質、卓越與創新的教育榮景。

《起向高樓敲曉鐘》一書作者吳正牧校長以喜悅的心、無私的愛、豐沛的熱誠、堅定的理想、始終如一且永不放棄的教育情懷，以杏壇園丁自居，信守教育承諾的生命軌跡。對學生細心呵護、循循善誘、助其成長、導其求真行善惟美；對老師關懷尊重、合理規範、鼓勵進修、促其專業發展與自主；辦學採人性化企業經營，提升教學與行政績效、追求教育品質與教學創新、兼顧培德與育才、兼重科技與藝文，全心全意的為營造優質的學校環境、型塑人性關懷的教育文化、締造精緻創新的教育活動、塑造卓越的學校教育團隊，以確保學生受教權益、提升學生學習成就而奉獻付出。

吳正牧校長是國立政治大學教育研究所碩士畢業生，就學期間治學態度嚴謹、認真求知與學習，其碩士論文由本人指導。正牧校長擁有豐富而完整的教育經歷，曾任中小學教師、空大講師、教育局課長督學、文化局長、台灣書店總經理、高中與高職校長等工作，對教育工作有機會從各個面向深入探討，尤其是擔任台灣書店總經理時，對教科書統編本與審定本之爭議，一綱多本之疑義，都有獨到的評述與創見，頗能撥亂反正。經營中壢高商與武陵高中，能塑建學校願景、逐夢踏實、引領學校追求最好的表現，率先士卒反省精進、激勵師生從「量」與「質」的思考，**讓優質的明星學校「再站起來」，正是實現由A到A+的最佳寫照**。

教育是細水長流的永續長河，需要恆久的愛心、信心與耐心的澆灌挹注。感念吳校長前瞻、優質的高倡導與高關懷領導；感動吳校長經營中壢高商、武陵高中的認真；感受兩校教師用心精進的教學，家長與校友們理性的參與教育事務，共謀教育發展。基於「**品質是價值和尊嚴的起點**」，以品質績效來掌舵教育的發展方向、策勵精緻優質的學校教育、以人本情懷維護師生權益、營造溫馨和諧的校園文化。教育家福祿貝爾說：「**教育無他，惟愛與榜樣而已。**」期望這本書的發行，帶動各級校長能領航教育新象、教師能創意耕耘教學、家長能合夥教育發展、學生能歡欣永續學習；期盼所有關心與從事教育工作的夥伴們一起逐夢踏實，攜手共行，在充滿愛的溫馨氛圍中，秉持尊重、民主、接納、傾聽的態度，以關懷、愛與專業的信念，**讓教育「好還要更好」，以追求「止於至善」的理想，為教育發展、為學生學習，再創高峰，讓教育的活水，源遠而流長。**

臺北市政府教育局長　吳清基　識

中華民國九十三年十月

自序

這本小書能夠在很短的時間完成編輯出版，我先要感謝黃建昌、陳宏銘、李永明、徐鳳擎等多位老師義務的幫忙。

教育是精神的國防，是衡量國家競爭力最重要的指標。所以**「教育改革」是今天世界共通的語言**。為了培養更多高素質的國民，為了造就一代勝過一代的人才，每個國家地區無不以更關注教育，更支持教育，更改革教育，作為增強其競爭力最基礎的建設。

從**「教育改革」**看**「教育鬆綁」**，筆者的見解是宜鬆卻仍被綁者，就要鬆其綁，使之更富彈性，更具多元，更能發揮創意；反之，宜綁卻已見其鬆者，就要綁其鬆，以保教育品質免於滑落，以維教育倫常於不墜。**鬆其不宜綁者，固然是改革；綁其不宜鬆者，一樣也是改革**。改革的真諦應該是改革之後比改革之前更符合大家的期待。盡廢前人的智慧與武功，能使我們更進步、更文明、更快樂、更幸福，那當然要廢；

但問題如果是出在我們不能審時度勢，食古不化，不會擷精取華，動輒以非左即右「**今都是昨皆非**」，只快意於解構舊體制，卻又建構不出更高明、更符合期待的新規模，這樣想求教改成功，無異緣木求魚。是以，**鬆教育之綁是教改，但絕不等於教改成功**。此從廣設高中大學、中小學教科書全面開放、技專院校幾至無限上綱升格等等教改措施所衍生的一些負面效應，乃至今日校園師生在為人、處事及治學態度上欠缺嚴謹，道德責任之不敵私慾功利等，都可看出問題的端倪。

筆者忝為杏壇小園丁，長久以來，在這塊園地上，與師生為伍，培德育才，竭心盡智，總是全力以赴。看到一棵棵的樹苗，長成高聳入雲的參天巨木，那真是生命的喜悅，也是筆者一向的堅持與憧憬。幼小的心靈，需要大人呵護，循循善誘，持之以恆，教育的愛才能在這個世界暢遂滋榮，並不斷擴展。

本書裡，有筆者經營學校的一些理念與做法，有對教育現狀提出個人拙見予以針砭，也有興致來時試寫的詩句，而以「**聲聲句句都是愛，點點滴滴無限情**」貫穿其間，今以野人獻曝的心情，將這些為教育、為學生、為生命的真愛組合而成的套餐，端上桌面，有請關心教育、懷抱理想、並熱愛生命的讀者諸君細細品嚐。

「起向高樓撞曉鐘，尚多昏睡正懵懵，縱令日暮醒猶得，不信人間耳盡聾。」（明・王陽明〈睡起偶成〉）筆者不採用力的「撞」，改取輕輕的「敲」，以**《起向高樓敲曉鐘》**為書名，因為我天真的相信，今天太多假性昏睡、裝聾作啞的人，只要聽聞輕敲的晨鐘，內心深處自然而然就會升起一陣陣的悸動。

繁瑣的編校工作，賴麗玉小姐、劉煥坤同學、吾妻玉葉和孩子們，及秀威出版協理李坤城先生，給了我很多寶貴的意見和協助，在此一併致謝。

本書第二版付印前，承蒙教育部黃前部長榮村、前教育廳陳廳長倬民、台北市政府教育局吳局長清基，以及公視總經理胡元輝、台灣師大教授簡明勇、政治大學教授邱錦昌和陳木金、國北師院教授林新發、龍潭農工前校長闕正明等多位長官長輩師長殷切的勉勵，都令筆者點滴在心，銘感五中。

倉卒成書，疏漏難免，及觀點或有互異者，都請讀者先進不吝賜教。

吳正牧 於桃園茄苳溪畔

民國九十四年一月十四日

起向高樓敲曉鐘——一個杏壇園丁的教育情懷

輯二 點點滴滴無限情

輯三 附錄

輯一

聲聲句句都是愛

一 新世紀的公民教育

二十世紀已向世界人類告別，新的二十一世紀也隨之降臨。迎向新世紀的公民，除了繼續努力營造和諧良好的人際關係、繼續推動建立民主法治的公民社會外，新世紀的公民教育，必須緊緊抓住下列四個重點：

千禧之鐘

一、培養「地球村」「世界一家」的公民觀

破除狹隘的畛域思維，掀開國與國間的帷幕，淡化地區與地區間的藩籬，消除族群膚色所造成的潛意識隔閡。學習歐洲共同市場的語言，培養「**地球村**」和「**世界一家**」的公民觀。富有地區的人類主動關懷並援助窮苦地區的人類，共同維護人性基本的尊嚴，應被視為是新世紀崇高的價值。

一九九九年台灣九二一大地震，哀鴻遍野，世界各國人士跳脫政治的枷鎖，拋棄族群的思維，紛紛遠道來台投入災區救援工作，這種「**愛無國界**」就是世界公民觀念的體現。人人都是「**世界公民**」的一份子，人人都是「**地球村**」的成員，那麼小至台灣與大陸間所謂的「兩岸問題」，也就不成其為問題了。

「**道德情操**」與「**知識能力**」將是新世紀世界公民的兩大功課。而為了追求更高品質的民主，當前日漸沉淪的選舉制度，在新世紀也可能被新的創意、新的智慧所取代。

二、改善人類與大自然互動的模式

珍惜地球有限的資源，不濫墾，不濫伐，不過度開發，不超限使用，建立人類與大自然彼此尊重的互動關係，人與大自然和諧相處，才能並存共榮。中國大陸於世紀末在雲南省昆明舉辦的一九九九年世界園藝博覽會，其主題「**人與自然**」，正給了世紀的人類重大的啟示。台灣九二一大地震的慘劇，更提供了「人與自然」的省思。台灣的「**生態債務**」，不能再債臺高築；台灣的「**生態腳印**」，不能一天天擴大。地球若因為溫室氣體排放過量、臭氧層破洞、酸雨、污染、森林破壞、綠文化消失等等，而導致存活不下去，人類也將面對活不下去的噩運。**在大自然面前，人是渺小的。**「**人定勝天**」是童話，也是神話；颱風、地震、海嘯、乾旱、洪澇、瘟疫等災難，很多是大自然對人類不夠謙卑的無知所作的反撲。

三、建立並遵守資訊網路、生物科技倫理

新的世紀，資訊網路、生物科技將主宰人類未來的生活。

「**一切為e生活**」（Everything for e-Life），新的世紀，面對新的生活型態，網路與人類的互動，已進入「**停止瀏覽，開始生活**」的全方位結合，不容許有不當侵入或破壞他人網路的駭客行為；不應開發製作傳播色情暴力與散播自殺等負面的資訊；更要尊重智慧財產權。而生物科技的積極研發，繼複製牛羊之後，人類基因圖譜已被研究發現，「**複製人**」**在本世紀隨時可能在被允許或不被允許之下製造出來**，屆時「人」如何定義，人的倫理觀、法律觀要如何規範，乃至「**基因戰爭**」（Genetic War）在地球上開打，都將使我們在新的世紀面臨到最嚴峻的挑戰。

四、重視家庭的價值

家庭是個人培養人格、發展潛能最重要的機制，也是人類生命中最溫馨的避風港，唯有愛才能化解一切的暴戾之氣，要讓父慈、子孝、兄友、弟恭、夫妻恩愛等倫理道德，成為人類追求進步的原動力。因為：**任何的成功都彌補不了一個家庭失敗的損失**。而家庭組織，在生物科技的催逼之下，在新的主流價值尚未奠定之前，能否成功地守住它最後的一點剩餘價值，也是新世紀公民所要重視的一個議題。

以上幾點，將是新世紀公民教育的新趨勢，身為新世紀的公民，必須有更多的反省與自覺，期待能以開闊的視野，宏觀寰宇，為新世紀建構一套必須而且實用的知識體系，為公民教育找出新的意義，創造新的價值，使「**全人教育**」「**終身學習**」，能真正落實於日常生活中，這不只是「**我信**」「**我願**」而已，更必須靠大家共同來思考並付諸實踐，因為「**我行**」才是最重要。

對的事，趕快去做就對了。因為我們還要活下去，我們要有尊嚴的活下去。（90年5月《壢商青年》）

二 邁向學習型的社會

一、**學會學習**（learning to know）

二、**學會做事**（learning to do）

三、**學會共同生活**（learning to live together）

四、**學會適應**（learning to be）

面對瞬息萬變的科技和訊息社會，人類必須在自己的一生中繼續不斷的學習，教育更應提供一個複雜而不斷變動的世界地圖，以及有助於在這個世界上航行的指針。為滿足此需要，在《**學習—財富蘊含其中**》一書中，告訴我們面對新世紀必須具備四種基本的學習能力，這四種能力是：

作者寫「讀書真好」勒石於校園中

（一）**學會學習**—是指學會運用理解、認識和發現去獲取知識的能力，而不僅是獲得經過分類的系統化知識。

（二）**學會做事**—即學會在任何環境中工作，強調從「技能到能力」的轉變，這種能力不僅是實際的操作技能，而且包括處理人際關係能力、社會行為、集體合作態度、主動性、社交能力、管理和解決矛盾的能力，以及敢於承擔風險的精神等綜合能力。

（三）**學會共同生活**—培養在人類活動中認識自己，瞭解他人，樂與人處，與人為善，為實現共同目標而努力合作，成為家庭、學校、社區、國家及地球村良好的成員。

（四）**學會適應**—每個人藉由教育能夠形成一種獨立自主、富有批判精神的思想意識，以及培養自己的判斷能力，發展自己潛能，以適應及改造自己身處的環境。

終身教育是進入廿一世紀的一把鑰匙，它跨越了啟蒙教育和繼續教育之間的傳

統區別。一方面重視終身教育促使人類適應工作和職業變化的功能，另一方面還要重視終身教育在鑄造人格、發展個性以及增強批判精神和行動能力方面的意義。這本書並把終身教育與「**學習社會**」的概念聯繫在一起，認為「學習社會」是建立在獲得知識、更新知識、應用知識這三個基礎之上，而這也是終身教育中強調的三個重點。即使在未來的學習社會中，學校正規教育體系，仍將是每個人學習知識的重要據點。所以，師資的養成教育、教學角色與教學型態的調整、師生關係的互動、及教師的在職進修，對教育的成敗均產生主導性的影響。終身教育應利用社會的一切資源，提供充分的學習機會，以滿足每一個人不同的學習需求。

前教育部林清江部長曾表示，教育部長扮演的是系統經營者的角色，協調各種意見來達到教育改革。他認為：**下一代要走的教育路子，不一定是我們經歷過的，也不一定是現在走的教育路子**。

他上任後，即極力的培養學生具備四種能力：（一）**繼續學習的能力**；（二）**真正做事的能力**；（三）**好好與人相處的能力**；（四）**發展潛能**。

這四種能力，正是《學習—財富蘊含其中》一書所揭櫫的四種基本學習能力。欲求國家競爭力提升，教育建設不僅是其中一個環節，而且是最根本、最基礎的一環。學校的教師及學生，在新的世紀中，更扮演著提高競爭力的關鍵角色。

總而言之，未來的世界，沒有一個人可跳脫出這個學習的社會，**家庭必然是學習型的家庭，學校更必須是學習型的學校**，你我他，每一個人都將是無時不在、無所不在的各式各樣學習型組織的一員。人類壽命不斷延長，可是已被發現而被利用的知識壽命卻大為縮短，而知識亦如水一樣，「**水可載舟，水可覆舟**」，以知識出產的工具器物亦會害人。因此，從學習型組織中獲取新知識，開發新知識，並善用新知識，就更為迫切。

個人有智商，組織也有智商；所以學校一樣有智商。組織雖由個人（成員）組成，但組織中個人智商提高時，組織的智商是否隨之提高？換言之，當組織中的個人都很聰明的時候，組織本身是否也很聰明？這答案可以是肯定的，但更常是否定的。因為組織如同個人一樣會有智障，智障會妨礙組織的學習與成長，使組織被一種看不見的巨大的力量侵蝕，甚至吞沒。所以今後最成功的企業必須是學習型的組織，藉由團隊學習，合作研究，才有能力比我們的競爭對手學習更快，學習更多，而獲得持久的優勢。學校本身必須以學習組織的型態，全員學習、全時學習、全方位學習，才能展現組織源源不絕的活力。學校尤其不能保守認命、充滿惰性，只是一再消極接受外在影響，將形成「**組織怠惰**」，這樣學校智商必然大為降低。

廿一世紀，瞬間即屆，**我們的努力是要使教育成為對全民提供服務的運動**。我們何其有幸，身處新舊世紀交替的時代，我們必須有更多元更富彈性的思考，以因應未來的世界，並學習愛惜自己、重視自己、尊重別人。**在感恩中喜悅成長，在創意中欣賞成就，在挫折中提升容忍力，時時處處做好「面對的準備」**，所謂：「**大其心容天下之物，虛其心受天下之善，平其心論天下之事，潛其心觀天下之理，定其心應天下之變**」，以此為學，以此立身，以此處世，或無礙矣！

「**活到老，學到老**」、「**學如不及，猶恐失之**」、「**溫故而知新**」⋯等等古訓，也都啟示著我們不可須臾之間停止學習，不可放棄學習。再者，有謂：「**老師不成**

長，學生不成長」、「**有怎樣的老師，有怎樣的學生**」、「**有怎樣的學校，有怎樣的老師**」、「**有怎樣的校長，有怎樣的學校**」。所以，在學校裡，不但學生要加速度學習；師長也一樣要進修、要成長。這樣才會有「**典範學習**」的效果，才能發揮楷模的作用。

新的世紀，學習就是生活、學習就是工作。

三 導生在那裡，導師在那裡

「導師責任制」，就是導生在那裡，導師就在那裡。

「導師責任制」，就是學校為班級眾多的學生，找到一個他們共有的、心愛他們、公平對待他們，並鼓舞他們上進的父母。

觀察今天高一新生始業輔導的表現，我打八十分。武陵一向為桃竹苗地區第一志願學校，學生素質高，他們的父母也都非常重視孩子在學校的教育。目前，做為父母的，孩子都生得很少，所以每一個孩子都是父母的心肝寶貝，如何使這些孩子，在他們進入另一個新階段的高中生涯，獲得快樂成長，學校要負很大的責任。

上午始業輔導的始業式，新生整體的表現頗佳，令我有「**得天下英才而教之**」的驕傲與喜悅。

在校園，當導師是最辛苦的，但卻有其人生的意義與價值。導生與導師之間感情可以長長久久聯繫，就是建立在師生平時良好的互動與用心的經營而來。在我們有限的人生旅程中，像擔任學生的導師，就是一件很有意義的事。我主持校務多年，常提到「**導師責任制**」，就是希望導師的心思，能隨時隨地放在所帶班級的學生身上，一如為人父母，總把心思放在自己子女的身上。

導師對班級應有最高的發言權，因為導師最了解自己班級的學生，所以導師的發言對班級有重大的意義。班導對班上每一個孩子都要全心全力去照顧，因為沒有一個學生是可以放棄的，由此而促使學校能夠朝正向去發展，正是導師的貢獻。對於導師的發言權，我會加以尊重並支持，也希望導師與行政部門能夠儘量配合。行政缺失總是難免，我來武陵到今天正好三個星期，我幾乎把全部的心思放在學校，為了儘快能將行政事務打理好，我往往忽略了家庭的生活，這樣也是不好。所以，希望導師們除了一方面用心於班級經營，另一方面也要兼顧家庭生活及自身的健康。

導師工作非常辛苦，每天清晨要早點到學校招呼班級學生打掃、早自習，但相信各位都能體諒學校做這樣的要求。導師在班上、在校內外與學生一起生活、一起成長，要向上提升總是會有些困難，但是要向下沉淪卻易如反掌。想要自己所帶的班級向上提升，人家花一個小時可以達到的地步，我卻必須要花兩個小時，那我就花上兩個小時，還是一樣可以達到。

最重要的是，導生在那裡，導師也能在那裡，要讓學生在家有父母陪伴，在學校有導師關懷。在一天上課當中，導師不能像專任教師一樣，只在有課時才到班級授課，反而是要讓導生在校園中經常見到自己導師的身影。班級參加校內外活動或競賽，有沒有導師在旁高喊加油的結果會是怎樣，我想大家都很清楚。學生們總是盼望著導師能夠在他們的視線內，在他們的身邊，一直呵護著他們。

對於學生的輔導關懷，一定要切實去做。有句話說：「**沒有教不好的學生，只有不會把學生教好的老師**。」這句話套在校長身上，也就是「**沒有帶不好的學校，只有不會把學校帶好的校長**。」我不希望自己是後者，各位也一定不願意當一個不會把學生帶好的導師。今（九十一）年高一的新生，是和我一起進入武陵的校園，對這些孩子，在情感上，我難免有更多的期待。

學校教育不是只求升學表現，雖然今年本校的升學率甚高，但我們不能因此自滿，因為仍有發揮的空間，我們要再接再厲，更上一層樓。**班與班之間師生互動必須有的包容雅量，也是一種創造**。對於新擔任導師的老師，可多向資深的導師請益。教官、輔導教師對學生都負有輔導管教之責，請各位導師要與教官、輔導教師彼此間多加聯絡配合。

今年高一新生中，有一些是身心障礙的學生，也有一些是原住民的學生，這些孩子，我們要特別予以輔導及關懷。**對弱勢族群學生的支援，本身就是一種學習，它會使雙方都感受到人性光輝的映照**。

我在武陵初中求學時，因為家貧，但我的導師李恂艾老師一再地幫助我、支持我。初中畢業，我只能報考公費的師專，雖然直升武陵高中卻無法就讀，但至今我對這位導師仍懷著無比感恩的心；經過了四十多年之久，我仍然常常與李老師保持聯絡，這就是導師與導生之間心靈的交流，不但扭轉了我這一生的命運，也讓我在這個寶貴的經驗中學會了「**感恩**」，知道「**吾愛吾師**」。

如果學生有了困難，身為師長的，我們要盡心盡力幫助學生把困難加以解決。

今天，我們所照顧所教導的學生，就是明日社會上有用的菁英。

我也希望導師與家長能夠理性互動，多加聯繫，因為**家庭是最重要的教育基地**。學生有權得到最好的照顧，成就將來貢獻國家及世界人類的優越條件。本校家長對於學校的事務一向關心，我們也必須做出善意的回應。學校環境對教學效果有很大的影響，如時間允許，我們不妨戴上斗笠，與學生一起在校園拔草種花，讓學校的環境更加綠化美化。只要我們能夠凝聚心力，互相支援，真誠關懷，武陵校園就會是一方的淨土。

我們常會希望自己的孩子要送給那一位老師去教去帶；今天，我們自己當老師，就要當一個家長也想要把他孩子送給我們教、送給我們帶的老師。

導師肯對班級的經營，多用點心思，多去招呼自己所帶班級的學生，不只關心學生功課，也注意到學生的心情起伏、起居作息、班級整潔秩序，及培養團隊榮譽等，班班表現好，全校自然而然就會表現好。這是學校的期待，也是教育應盡的責任。

作者殷殷期勉學生

四 品德決定勝負

德育只有高標準，把德育融入四育中

我們一談到教育的目的，每以「**五育並重**」為鵠的，所標榜的，就是希望接受教育的學生，德、智、體、群、美等五育都能夠均衡發展，不要有所偏廢。這種印象，似乎給人有一種要跑大家一起跑，而且不要有人跑得太快，也不要有人跑得慢吞吞的感覺。但是，如果我們仔細加以探討，當可發現，這五育絕不是站在同一個起跑點，事實上，也不可能站在同一起跑點上。甲生與乙生之起跑點固然不相同，每位學生自己的五育，在受教前的水準就已高低不一，受教後得到的發展也多寡有別，這也使得教育成為可能與必要，所以我們所可期待的應該只是學生的五育都能發展，卻不見得五育都是平均或平衡在發展。

再者，若把評量定位在是一種檢定功能的標準參照，那麼我們可以為智、體、群、美等四育訂定一個最低標準，做為學生努力的指標；而德育卻只能有高標準。以德育、智育來說，學問可以差一點，但做人卻不能失敗。所以，德育只有「**止於至善**」的高標準，所謂：「**雖不能至，心嚮往之**」，做人是最重要的，只許朝成功的方向繼續邁進，而不能有起碼要求的底線，否則其他四育縱然達到了高標準，就整個教育來說，仍是失敗的。而智、體、群、美等四育透過多元化的教學評量，每一育的成就，都具有推動或拉引其他各育攀升的催化力量與作用，而最高指標德育的成就，便可融入在其他四育的評量中來實現。

德育第一，五育並進

在多元化的教學評量下，「教」與「學」固然不能再以智育馬首是瞻，對於智育成就的評量，更不能和以紙筆測驗所得的分數劃上等號，這是一個很重要的認知。

是以舉凡實際操作、共同討論、口頭報告、服務精神、學習態度、作業處理、實驗設計、綜合分析、團隊表現、與人為善等技能或情意方面之因素，都是多元評量的重要指標。如此，我們才能掙脫出紙筆測驗、分數至上的枷鎖，而考試誤導教學的夢魘也才有清醒的一天。學生在多元化評量前後得到教師個別輔導與補救教學，更能建立起學習的信心，獲得成就的滿足，產生強烈的學習動機，而快樂學習，快樂成長。

國民教育的目標在於培養健全的國民，這是一種「**全人的教育**」。**全人的教育**，**就是**「**德育第一**，**五育並進**」**的教育**。爰此，試以兩個圖示來加以申論：

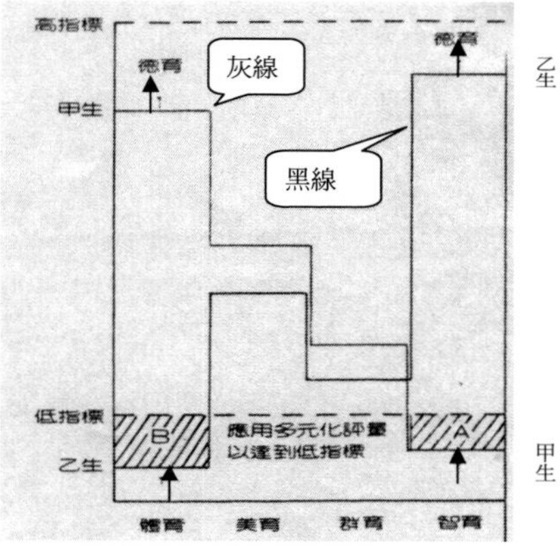

圖一：德育第一五育並進圖

圖示：

1. 灰線代表甲生體、美、群、智育目前的成就。

2. 黑線代表乙生體、美、群、智育目前的成就。
3. 斜線區域為須要採取多元化的教學評量。
4. 箭頭朝上表示成就上升。

圖說：

1. 以甲生為例

甲生在體育表現出其學習的興趣及發展的潛力，但受其先天體型或體能等因素影響，無法達到更高的境界；此時，教師如能輔導甲生透過謙和的態度及與同伴團隊合作，則可突破甲生本身的極限；教師也要加強輔導甲生能夠服從教練指導及裁判判決，能夠以心平氣和的態度進行比賽，則甲生的表現及成就一定能更佳。甲生更可協助老師輔導乙生在體育方面成就之不足。

以上甲生在團隊合作、服從，及輔導其他同學等表現，即屬於德育的範疇。是以借助德育，甲生可提升且突破其體能方面的極限，以達到體育的高標準。

然而，甲生在智育表現未達到低標準，顯示其學科方面較差。教師所努力的，是透過多元化評量標準差的方式協助甲生，不以學科成就來衡量，而改以自我前後進步的比較來衡量，促使甲生在得到成就感中逐次進步，而在畢業前至少能達到智育的低指標（即灰色斜線A區消失）。

2.以乙生為例

反之，以乙生為例，乙生目前在智育方面的成就雖超過低標準，但卻生性多疑，自私自大，不能助人，造成了乙生邁向高標準的瓶頸。這時教師如能輔導乙生培養其開闊的心胸，不但獨善其身，亦能兼善天下，甚至輔導其擔任小老師，由乙生協助甲生在智育方面的進步。如此，乙生經過這樣的輔導而幫助甲生，則自己更能全面了解課程的全貌，而有突破智育極限的表現，正是德育的領域，乙生經過這樣的努力，其智育的成就也會向高指標攀升。

但是，乙生在體育方面卻是低於低標準，教師也應採取前述對甲生評量的方式，使乙生到了某一個階段，能達到體育的低指標（即黑色斜線B區消失）。

3.所以教師在智、體、群、美等四育中，宜為低於低標準之學生個別實施常模參照的評量，以取代固定的標準參照評量，並把德育成就融入其他四育中來評量，不僅照顧到少數優秀的學生，更照應到佔了大多數比率的中下程度的學生。

圖示：

1. 橫軸代表分數，縱軸代表學生數。
2. 曲線甲代表實施多元化評量前學生的成就。
   曲線乙代表實施多元化評量後學生的成就。
3. 六十分代表「最低標準」。
4. 斜線區域即為學生在智、體、群、美等四育中之一育有賴以多元化評量方式去處理協助。

圖說：

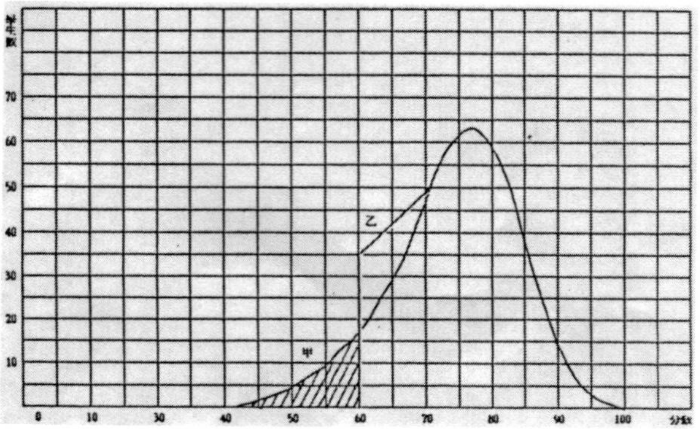

圖二：學生分數分布曲線圖

此圖表斜線區域即為圖表一中之斜線A、B區域，設若甲生未達智育「最低指標」（六十分），經由教師輔導激發學生潛力，並實施多元化評量後，斜線區域消失，分數分布曲線會呈現右移現象。

國父說：「**有道德始有國家，有道德始成世界**。」道德實為立國的根本。教育之首務，在於培養思想和平、樂觀進取、滿懷愛心、修己善群、具有完美人格的國民。就以德、智、體、群、美五育而言，智育失去道德的指引，知識將成為罪惡的工具；體育缺乏道德的涵養，舉止易走向粗暴；群育無道德制約，亦易導致動亂；而美育少了道德滋潤，美將流於虛偽的包裝。

所以，五育以德育為第一，教師在教學上的努力，應是透過多元化的評量方式，兼顧認知、技能及情意的目標，使學生在智、體、群、美四育都能達到並超過教師為學生所訂的最低指標，並推動德育不斷向最高指標前進，以彰顯德育的效果。使學生大材有大用，小材亦有小用。智育成就高的，能在德育的基礎上，發揮其聰明才智；智育成就低的，也可透過其他各育的表現得到成就的滿足。

身為教師的，最重要的是「把人教好」，而不是「把書教會」；同樣的，做學生的，最重要的是學習成為一個「人格健全的人」，而不只是一個「把書唸好的人」。

今天的中小學教育，必須再加強學生生活教育、品德教育及民主法治教育，才能造就有道德、有民主素養的國民，這也才是社會之幸，國家之福。（本文為前省教育廳陳倬民廳長提示教育理念，由筆者整理撰文。79年1月《師友月刊》）

五 對教育變革的期待

一、選擇性菁英教育的沒落

我國古代教育以道德為中心，教育的理想在於使受教者明瞭人己的關係和應盡的義務。

孟子盡心篇有謂：「設庠序為學校以教之，……皆所以明人倫也。」「**明人倫**」就是指瞭解「**父子有親**、**君臣有義**、**夫婦有別**、**長幼有序**、**朋友有信**」這五種人與人之間應有的關係，故又稱為「五教」。這種以受教者明瞭人己關係與應盡義務的道德教化，最初只限於家庭的倫理，繼而規範社會的秩序，到了夏代，更擴大為對國家的責任。

及至西周，封建制度興起，「貴族」與「平民」成了兩個明顯的社會階層，封建是世代相襲，因此這兩個社會階層壁壘分明，殊少往來。「禮、樂、射、御、書、數」既是貴族日常生活不可缺少的活動，因此「**六藝**」是教育的主要內容。而在封建制度下，也只有貴族子弟才能接受這一種高層次的教育：平民中偶有特殊英武或聰明俊秀之士，有時蒙受挑選才得與貴族子弟同受教育，但這是鳳毛麟角，少之又少。所以，這時期的教育，可稱之為「**貴族教育**」時期。

在西方國家，階級對教育的影響，亦復如此。從各國歷史觀察，歐洲各國也是先有貴族僧侶學校，以後才有大多數的平民學校。換言之，在先有為貴族僧侶而設的大學和大學的預備學校之後，才有為全民而設的小學。

西歐為平民而設的小學始於十六世紀，小學既是為平民而設，所以貴族或特殊階級的子女，是不進這種小學的。平民受了小學教育之後，產生繼續再教育的需求，為了滿足這種需求，有些國家就把小學教育和中學教育使之相互銜接，優秀的平民子弟也就有了升入中學接受更高一層教育的機會。

英國的「**文法學校**」（Grammar School），注重文化的陶冶和升學的準備，畢業後可考入大學，這是專為貴族子弟而設的學校，平民子弟只能倚門興嘆，可望而不可及。

在十一世紀中葉歐洲大學創始以後，當時入大學接受教育的資源，幾乎被僧侶所獨占。當時的大學，大抵分為「神、醫、法、哲」四科，皆注重古典語文，實施文化陶冶，這種課程內容的教育，均為貴族官宦之家的子弟所必學，而與平民大眾的生活脫節。所以，這時期大學教育只能說是貴族僧侶的大學教育。

子弟接受教育，以其本身所屬社會階層為前提，受教育幾為貴族菁英所壟斷。這種教育，於貴族而言，可謂拜社會階層、父兄庇蔭之賜；而於大多數之平民而言，則係遭此社會階層之害。教育成了少數人的專利，也成了動盪的禍源，在要求變革聲中，終使這種階層意識強烈的選擇性菁英教育，走向窮途末路的命運而逐漸沒落。

二、一般性全民教育的興起

誠如前述，教育成了階級下的產物，只是少數貴族僧侶所擁有、所獨占，自不被廣大的平民所能接納、所可忍受。當「**教育機會均等**」、「**教育資源共享**」成為普遍的要求時，加上民主思潮的催化，社會風氣的開放，經濟的急速成長，參政的需求日益迫切，為了培養足夠優秀的建設人才，教育必須發揮更重要的功能，教育也必須扮演更重要的角色，是以往昔選擇性的菁英教育自不符時宜，一般性的全民教育時代乃繼之而起。

我國自孔子以後，教育甚受重視，並由政府的菁英階層，普降到平民社會。自天子以至平民都應受教育，成了數千年我國文化傳統中被重視的觀念。而孔子到秦的三百年間，是我國歷史上變動最為劇烈的時期，此一階段的教育表現也最為特殊，乃為有教育而無學校，私家自由講學之風鼎盛。其特殊性大致有三：一**為貴族階級瓦解，平民階級崛起；二為政府上層社會的王官之學變成了平民社會的百家之言；三為貴族的菁英教育轉變成社會平民私家的自由講學**。

及至漢武帝設立太學，太學生選自民間英武俊秀及地方的小吏，研習五經，立「**五經博士**」，這可說是政府將政權從貴族階級之手正式公開移轉到平民社會高級知識份子之手。至隋唐，倡行科舉制度，允許平民百姓自由報考，得與門第中人同等競爭，門第勢力遂逐漸消失，而平民與士人之間亦加速流轉互動。及至宋代，社會不再受門第影響，印刷術亦在此時發明，書籍流通遠較以往廣泛便利，讀書受教育不再是貴族的特權，也不再是少數菁英份子的專利，布衣可至卿相，正是當時社會極為普遍的現象。

及至民國初年到民國十餘年間，推展平民教育運動，蔚為風尚。民國三十六年一月一日由國民政府公佈的「中華民國憲法」，其中第二十一條更明白規定「人民有受國民教育之權利與義務」，民國四十二年九月公佈的「社會教育法」，強調辦理失學民眾補習教育，教育活動以掃除文盲為目的，藉以普及全民教育。到了民國五十七年，政府更全面推行九年國民教育。這許許多多的措施，以及各類成人教育、特殊教育的推廣，教育資源的均衡分布，無不在於使每一個國民，不受出身背景、年齡、時間、地域等的限制，在其一生之中，不斷的接受教育，以提高其具備適應時代潮流及環境變遷的能力。這種一般性全民教育的推廣，遂成了社會發展的趨勢。二次世界大戰期間，美國加州大學克爾校長所主張的「**大眾學府**」，更是推行全民化教育的著例。

三、教育變革的內涵

教育的實施會從選擇性的菁英教育走向一般性的全民教育，實受社會變遷、民主思潮等因素的衝擊，而揆其變革，有下列三個層次的內涵：

（一）**教育，在於理想能從受教育者身上獲得實現**（To prove）

選擇性菁英教育時代，受教者既為權宦子弟，為了世襲門閥，傳承權位，在「**望子成龍、望女成鳳**」的觀念下，教育的任務，在於使父母、教師的理想能在子弟學生的身上獲得實現，或謂教育是在證實受教者的品德學識、才幹能力，於是社會所呈現的領導階層永遠是那些少數的菁英份子；被領導的也永遠是大多數得不到教育機會的平民百姓。

（二）**教育，在於使受教育者獲得改善，而不在於理想獲得實現**（To improve, not to prove）

迨世襲之封建制度解體，平民教育興起，形成了貴族教育與平民教育的雙軌制，但貴族與平民所受的教育有別，教育資源分配也不同，所以未能達到教育機會均等的理想。

在此階段，就平民教育而言，教育的功能並非像貴族菁英教育是想從受教者身上實現理想或證實具有良好的傳統、有領導的能力；而是消極的想使受教者的身分地位透過教育而被動的獲得改善，以具備更好的生存條件。這種變革，使得社會產生階層流動，因為教育的功能，平民有了走向上層社會流動的機會。

（三）教育，在於使全民共享追求進步的喜悅（To progress, not to prove）

當一般性國民教育普及以後，教育的首要任務即在於提升受教者的知識水準，涵養高尚的情操，增加心靈的彈性，以促進適應生活解決問題的能力，並且不再以菁英份子為受教的對象，讓全民都能公平的得到接受教育的機會，共享教育的資源，追求自我的進步。即每個人都可以借助教育資源的提供，加上自己的努力，獲得成長，而擁有「**明天會比今天好**」、「**我的未來不是夢**」的期待。這就是今天世界各國的教育走向民主化、全民化的趨勢。受教育不但是不可放棄的權利，也是不可不履行的義務，因此資優、啟智、啟明、肢體殘障等類的特殊教育，及成人繼續教育，也都同樣受到重視，都在蓬勃發展。

四、從教育變革中得到的啟示

從教育不斷的變革中，我們可以體認出教育不僅在於實現理想，在於獲得改善，更在於從快樂的學習中追求自我的進步，共享進步的喜悅。這些教育的理念，對於教學實施與領導處事，讓我們得到了一些的啟示：

（一）在教學實施方面

「得天下英才而教之」固然是人生一大樂事；但不分智愚貴賤、不論性別地域而「有教無類」，卻是更偉大的情懷。**今天的教育，不在於為國家造就少數超凡入聖之士，而在於培養更多有為有守、克己復禮、平平凡凡的國民。**教育的提供，不在證實受教者誰行誰不行，誰能誰不能，而在於使每個人能夠在永恆學習的過程中學到學習的快樂與滿足，使自己的條件獲得改善，從追求自我進步中，更加肯定自己。**教師不是證明學生學習成就的評判者；而是不論學生資質好壞、出身背景、都能以一視同仁的愛心，因材施教，鼓舞所有學生向上向善的輔導者**。如何使學生「喜歡讀書、快樂學習」、有正義感、富同情心，並能發揮所學，勤於思考、果敢採取行動、修己善群、推己及人，使學生具備由「**獨善其身**」服一己之務，進而服十百人、服千百人之務，達到所謂「**兼善天下**」以貢獻社會人類，應該是教育工作者在進行教學時，必須汲汲於經之營之的主要課題。

（二）**在領導處事方面**

做人成功，處事圓融，是我們每一個人的期望。小則個人理想的實現，大則組織目標的達成，都有賴我們憑藉教育所獲致的修為及適應力，加以綜合性的開發、整合、並應用，始克有功。

管理者要讓每個成員合理的需求能夠得到實現的機會，但無論是父母或師長，更應該是協助子弟、學生或組織成員不斷成長，促使其成德達材的領導者。

因此，身為父母或師長的職責重在把握原則，確定方向，提供寬廣的學習領域或運作空間；而不在於學習方式或技術層面給予過多的箝制約束。要使學生或成員有追求進步、獲得自我成長的喜悅，並使每個人的聰明才智得到實現的機會，進而建立起自信和諧的人際關係。

從教育的變革觀察，教育既要培育優秀的領導者，更要使眾多的被領導者在其追求進步的歷程中，不斷獲得自我實現的滿足，並為自己努力創造出來的成就，能與人歡呼共享。（本文為前省教育廳陳倬民廳長提示教育理念，由筆者整理撰文。79年5月《師友月刊》）

六 編印學科重點熟讀專輯的想法與做法

—關於精選國文科文言文現代文部分

我在壢商服務時，曾有一次參加由周敏華老師擔任教學的國文科教學觀摩會。參與那節教學觀摩會的老師非常踴躍。

周老師授課的教材是高職二年級〈岳陽樓記〉。周老師為了那一節的教學觀摩，準備了不少的補充資料，加上嫻熟的教學技巧，教學成功自不在話下。

觀摩會後，我也列席參加了教學檢討會，當時我以看了周老師教學後的感想，建請國文科教師把一到三年級的國文教材，分文言文與現代文精挑選出，並馭繁為簡，將各篇文章必須熟讀的重點、關鍵詞句及相關資訊一一列表提出，再加以增刪彙整成冊，以供同學自修研讀，應可幫助同學作好升學的準備。

嗣經與會各國文教師的支持，即著手由國文科召集老師促請全校每一位國文教師就文言文與現代文兩類，各以自己對學科之專業判斷挑選提出。

甲、文言文部分，挑選之前二十篇文章及其被選中票數是：

序號	篇名	票數	序號	篇名	票數
1	師說	16	11	蘭亭集序	6
2	岳陽樓記	16	12	台灣通史序	6
3	前赤壁賦	11	13	廉恥	5
4	琵琶行並序	10	14	飲馬長城窟行	5
5	正氣歌並序	10	15	訓儉示康	4
6	前出師表	9	16	諫太宗十思疏	4
7	勸學	9	17	醉翁亭記	4
8	桃花源記	8	18	漁父	4
9	黃州快哉亭記	6	19	歸去來辭	2
10	陳情表	6	20	新五代史伶官傳序	2

另得一票計有〈將進酒〉等三十八篇，共計五十八篇。除前二十篇附加原文，以供前後參閱外，各文所須熟讀之重點均臚列於專輯中。

乙、現代文部分，則僅蒐集票數較多之前二十二篇，亦均附原文，各篇得票數是：

序號	篇名	票數	序號	篇名	票數
1	再別康橋	15	12	翡冷翠山居閒話	6
2	哲學家皇帝	11	13	詠物篇	5
3	山中筆記	9	14	可愛的詩境	5
4	幽幽基隆河	9	15	談靜	5
5	田園之秋	9	16	錯誤	5
6	舊文化與新小說	7	17	漸	4
7	思臺北、念臺北	7	18	故都的回憶	4
8	楊柳	7	19	一棵開花的樹	4
9	那樹	7	20	藝術與科學	3
10	生活的藝術	6	21	背影	3
11	學問之趣味	6	22	荷塘月色	2

其餘僅得一票之各文為縮減專輯篇幅，則均予刪除。

除以上內容外，並將學期開學以來，由國文教師輪流提供的國文補充學習資料亦一併予以列入，以增加同學閱讀之深度與廣度。

專輯之首，特別恭錄教育家劉白如先生大作〈國文的重要〉；讀此大作，再看今日中學生「劣祖劣宗」、「整肅遺容」等之傳為笑柄，實為晨鐘暮鼓，發人深省。

對學生提供學習上的資源與協助，是老師甜蜜的負荷，也是一份光榮的責任。

專輯編成，分發壢商全校同學人手一冊，要求同學用心研讀，若能因此而提高國語文程度於一二，並有助於進入理想的大專院校繼續求學，發展自我，實現夢想，那麼校長的一番心意，和各位國文老師蒐集整編的辛勞也就有了代價。而事實上，當年四技二專升學考試，國文科考題有百分之八十的題目，即出自此所編印專輯中「必須熟讀之重點、關鍵詞句及相關資訊」上。

這樣的想法與做法，並非僅僅可施之於國文科，亦可延伸到其它科目，只要各學科教學研究會的教師彼此分工合作，很快就可以集腋成裘，完成專輯彙編提供學生研讀，對促進學生學習，提升教學效果，肯定大有助益。

生動有效的教學是前進大學的利基

七 前進大學贏的策略

大學乃學術的殿堂，知識的寶庫；是眾多青年學子朝思暮想、夢寐以求的升學目標。在大學學府，有學富五車的教授，具備豐富的人文素養、廣博的思想和領先群倫的專業技能，在他們身上，散發著智慧的光芒與菁英的氣概。吾人若能親炙其間，耳濡目染，受教求道，站在學術巨人的肩膀上觀看世界，開闊視野、不再井蛙，人生境界將何其寬廣。大學的校園與建築壯偉瑰麗，設備新穎齊全，尤其學風自由獨立，是發現自我，充實自我，也肯定自我的基地。高三同學畢業後，若能升學進入自己理想中的科技大學或技術學院，繼續深造，窺其堂奧，則對於個人從事高深學術之探究與專業技能之提升，勢必大有助益焉。

經營企業，講求有效的**策略管理**（strategic management），才能成功獲利，才能永續發展。面對升學，吾人何嘗不可如此呢？「**金榜題名**」與「**名落孫山**」**往往只是一線之隔，半分之差**。

尤其近年來，技職體系升學管道多元化，且名額大為增加，如何選擇採行對自己最有利的升學策略，俾順利達成上大學的心願，應是每位決定要升學的高三同學必備的尚方寶劍或武林祕笈。如果你不要成為大學拒絕的往來戶，那你就必須時時刻刻去關心掌握最新的升學資訊，並提出策略予以因應，這樣才能在面對複雜卻公平的競爭中，立於不敗之地。

現就以今年即將參加系列升學考試的應屆高三同學來說，在你擬定前進大學的有效策略時，以下數點或許可以幫助你成為升學的贏家（winner）：

一、發現自己的優勢所在

蘇格拉底說：「**認識你自己**（know yourself）」。同學們可應用企業管理的SWOT理論來找出自己的：(1)**長處**（Strength）是什麼；(2)**弱點**（Weakness）在那裡；(3)**機會**（Opportunity），最佳機會是在什麼校系；(4)**威脅**（Threat），對自己造成威脅的是什麼人或事物。先以此來發現自己、了解自己。再配合自己的性向和興趣，這樣必能篩選出自己最有利的升學管道與校系，則縱使只考到低分（學業成就），也能達到高錄取的效果。否則以下駟對上駟，明明只有考取私立技術學院的程度，卻執意參加國立科技大學推甄或申請，結果只是去充當砲灰，白花報名費；反之，若是得高分而低錄取亦屬冤枉。這都犯了策略運用上不能「知己」的錯誤。要不斷增加自己的斤兩，但也要知道在打仗時自己的斤兩多少。誠實估計自己，不要高估，也不要低貶。

二、充分掌握各項升學資訊

現今工商社會，**資訊就是力量**（Information is Power）。

平時要常上網或在相關媒體查看各大學的招生方式和時程，也要仔細閱讀各種招生簡章，以免錯失報考良機，這也是「知彼」的工夫。

（一）推薦甄試：

推甄可以讓同學自主選校，學校自主選學生。同學們要研讀整本的聯合推甄簡章，分析其中所透露的招生訊息，供自己做最佳的抉擇。在初選的推薦條件中，如各科系招生名額多寡；社團參與、競賽成果、公共服務、學生幹部之要求；在校成績之班或校排名；特別條件又有怎樣的規定等等。而成績處理方式是測驗那幾門學科？檢定標準如何？篩選倍率怎樣？以及採計方式有無加權計算等都要加以考慮。複試的指定項目甄試要準備那些審查資料？做何種測驗？面試如何進行？自傳和讀書計畫之撰寫等都應早就做好準備。學測國文、英文和數學是共同科目，另專業科目，對本校高三同學來說，大多為會計學、經濟學、計算機概論。

（二）申請入學：

申請入學的條件限制通常比推薦甄試要寬鬆，是由每個學校單獨舉辦，因此申請日期不盡相同。一個人可以同時申請多所學校，對同一學校亦可申請多系，只是申請太多將所費不貲。因此，同學要對自己中意的學校衡量自己實力多予關心。

若以本校壢商同學的最愛—國立台灣科技大學，以其八十九學年度申請入學為例：招生系別有企業管理、資訊管理等十系，招生名額高中、職畢業生各有五名，申請資格是高中、職畢業（含應屆）生在校成績優良者。申請手續有：繳交申請表、高中、職歷年成績單（應屆畢業生附在校前五學期成績單）乙份、二封教師推薦函、高職生得附學校開具之每學期國文、英文成績排名證明，亦得附大學考試中心國文、英文成績，以及其他特殊表現等。其他學校申請方式雖大同小異，但若有個別要求，考生就要配合其要求。

（三）保送甄試：

凡曾參加全國、國際、台灣區技能競賽獲獎或取得乙級技術士證照者，皆可申請保送甄試。自八十九學年度起，以往每班前十名學業優良同學可參加保甄的措施已停辦了。

三、平時就要累積競爭的能量

現在和未來的趨勢，吾人可見大學入學成績之採計，已不單單只憑學科考試成績而已，其他像擔任班級、社團或學校幹部，從事公共服務；參加校內外競賽績優，模範生頭銜，取得各類之技能證照，創作成果等屆時都可派上用場，這些都是平時就要儲備的能量。電視上阿亮（卜學亮）說：「**凡是走過的，必留下痕跡。**」對學生來說則是：「**凡是表現好的，都要留下記錄。**」此外，尚需與師長保持良好的互動關係，以便於需要時請求師長為你寫推薦函。為了豐富推薦函的內容，同學自己要提供具體的資料證明，並做口頭報告，再請師長動筆撰寫，如此較能切題而深入，免得師長所寫內容言不及義或千篇一律流於空泛，這會使推薦函效力大為減低。而推薦函之用可大可小，千萬不可輕忽它。

四、增強面試的技巧和膽識

面對教授口試時，若能面帶笑容，謙恭有禮，開朗自信，自可取得良好的**第一印**

象（the first impression），進而產生**月暈效應**（halo effect），則整個面試過程就會進行得比較順暢。要聽清楚教授問的問題，回答問題時要掌握住重點，長短適中，有組織系統化地回答，避免答非所問，答得太冗長或答得太簡略都不宜。態度要謙抑從容，論述中肯不偏激，說話速度不急不徐，恰到好處，服裝儀容力求整潔美觀，這些也是不可輕忽的細節。面試在推甄和申請入學時所佔分數比重甚高，好好應對常能發揮臨門一腳的奇效。

師長對你所寫的推薦函和自己寫的自傳內容，以及對所報考科系的認知，自己的志趣抱負，求學成長歷程，以及生涯規劃等，通常會是面試時教授提出問題的重點，都要事先預做準備。

五、練習撰寫自傳與讀書計畫

自傳有它的基本格式，舉凡姓名性別、出生日期、血型星座、籍貫住址、外型個性、家庭狀況、身世背景、學經歷概況、志趣專長、生涯規劃等都是常須提及的。平時在校作文課時就要練習寫，請老師修改潤飾，不但審查資料要繳交自傳，面試時教授也常要求做三分鐘國語或英語的「**自我介紹**」，事前若未加以整理撰寫，一時緊張恐將說不到重點或顯得語無倫次。英文的自我介紹稿子可先寫好，請英文老師改正後再背起來，一定受用無窮。自傳撰寫的原則在於所言要真實具體，並求文情並茂，具有可讀性，若能優缺並陳並自信自己未來會更好、更進步、更成長，那就顯得坦誠與感人了。至於讀書計畫之撰擬則要目標明確、敘述條理，內容具體可行，且要充滿對學術的熱情與對專業的強烈企圖心，如此才能感動評閱者，而贏得先機。所寫的自傳或讀書計畫，如果平淡無奇，了無新意，如何能獲得青睞？

六、讀書、運動、與睡眠，三者並重

(1)課前預習；(2)上課專心聽講、參與討論；(3)課後評量練習、看參考書之重點整理、做測驗卷；及(4)考前複習等，以上四個步驟是考高分獲得好成績的不二法門。高三同學更要安排周詳的總複習計畫，尤其是國文、英文、數學這三門工具學科，以及會計學、經濟學、計算機概論等專業科目，特別要確實遵行，不要流於紙上談兵。體育課也要善用，讓身體充分活動使之流汗，必能全身舒暢，心曠神怡。睡眠應維持七小時，休閒活動也應偶而為之。唯有精神飽滿，身體健康才能讀好書，才能上大學，上了大學也才有意義。

本校—中壢高商，即將於二月一日改制為國立學校，你們將是國立中壢高商第一屆畢業生。畢業後若選擇進入職場，校長希望你們也要做到在職進修、樂於進修。若是決定升學，那就要早做決定，擬定策略，即知即行，行而有恆；不達目的，誓不終止。有高深學問，遇事才能思慮周密，做事也較易成功。讀完了大學，若有機會則要再入研究所深造。

俗語說：「**貧者因書而富，富者因書而貴。**」多讀書多富貴，可以使人獲得崇高的**社經地位**（social-economic status），更可變化個人的氣質，並找到自己生命真實的意義，而大學、研究所提供我們這些答案。

自古兵家有言：「**知己知彼，百戰百勝；知己不知彼，知彼不知己，勝負各半；**

不知己不知彼，每戰必敗。」可見「**資訊之掌握**」與「**充分之準備**」是成為贏家的兩大法寶。本文名為「前進大學」，是希望今年高三同學以科技大學、技術學院為升學努力的目標，因為先上二專，你終究還是想要再上大學的。當然，能上自己心儀的二專求學，也是一條可行的路。

今年高三同學，不管日校生或夜校生，你們是跨越世紀的了不得的學生，而且是進「省立」學校就學，卻能從「國立」學校畢業。希望你們再接再厲，為學弟學妹豎立榜樣，以最高的升學率，為學校爭光，也是為自己的未來打造出一片新天地。（89年5月《壢商青年》）

八 進步、活力、卓越

一、在感恩中承擔責任

武陵是我的母校，四十年前，武陵校園的一草一木，至今仍清清晰晰烙印在我的腦海裡。我愛武陵，因為在武陵短短初中三年求學期間，我學到很多，並且也學得很好；不僅是知識的增加，更有許多在做人處事方面的成長。

在武陵，有著最令我懷念、令我感恩的師長。

對於一個小學畢業，差一點無法參加初中聯考進入武陵的學生，今天竟然回到母校擔任校

要讓進步、活力、卓越的氛圍，在校園中滋長茁壯

長，這是一份難得的機緣，我有著萬分的感激。如果不是程校長他調，我就沒有這個機會；如果不是母校師長、家長會、校友會的支持，教育部甄審委員的青睞，我也肯定回不來。正因為武陵是我的母校，我更有著一份使命感的激動。

從八月一日（九十一年）來學校報到那天開始，武陵高中經營的成敗，就由我負完全的責任；而本校是全國知名的明星學校，我的肩膀之重，可想而知。為了使武陵能在歷任校長領導下所奠定的良好基礎上，繼續向前走，我們必須建立共識、付諸行動。只有全校師生都動起來，提升教學品質，才能再創嶄新的「**武陵經驗**」，使武陵的學子都受到最好的教育。

二、校長的角色扮演

（一）**倡導者**—倡導學校發展的願景，指引學校努力的目標。

（二）**促進者**—促進教學品質提升，提高教學成果。

（三）**整合者**—整合教學資源，做到最有效的運用。

（四）**維護者**—維護學生的受教權，維護教師的專業自主權，鼓勵師生學習成長。

（五）**建構者**—不論是行政工作團隊，或是學科教學團隊，都須加以建構，並發揮功能。

（六）**規劃者**—規劃良好的教學情境，重視潛在課程，並隨情境改變、價值改變而調整規劃的內容，以利教學實施。

三、學校經營理念

（一）德育為重，五育並進

「升學」、「智育掛帥」，這是目前社會對武陵的刻板印象，讓我們一同祛除武陵學生只會讀書、只會考試的譏評。德育為重，就是重視生活教育，加強品德陶冶，培養具有人文素養的優質學生。而德、智、體、群、美五育，任何一育都不可輕忽，我們要使學生接受的是「**全人的教育**」，才不會使學生成為「**知識的巨人，道德的侏儒**」。

（二）實力第一，教學為先

有實力才有魅力！

有座位才有地位！

實力在於使自己增加被肯定、被接受、有被委以重任的價值。學校行政是為支援教學而存在，是手段，不是目的。辦好行政，有效的行政，為的是促使教學有效的實施，以提高教學效果，提昇教學品質，增加學生的實力，具備更高的競爭力。所以，督促學生勤學，鼓舞教師勤教，上課不遲到不早退，尊重教師專業自主權，也維護學生受教權，安排學校行政主管與各學科召集人研議教學興革問題等，都是校長的責任。

（三）加強四教，溝通協調

四教者，身教、言教、境教、制教也。

1、**於身教言**：要學生不抽菸，師長自己就先不要抽菸，要以身作則，樹立典範，則學生以老師為標竿，耳濡之，目染之，自可收潛移默化之效。

「有怎樣的老師、有怎樣的學生；老師不成長，學生不成長。」可見身教之重要。

2、**於言教言**：或諄諄告誡，或殷殷勗勉，鼓舞打氣，自可使頑石點頭，化腐朽為神奇，亦可使稟賦優異者，更上一層樓。

3、**於境教言**：校園環境綠美化，教室佈置，廁所整潔，人際和諧，輕聲細語，勞動服務等潛在課程的功能，都是要關注的重點。

4、**於制教言**：講求制度化，一切按照所建制的法令規章來執行，大家才有個準頭，人人依軌道而行，照著規定去做就是了。

5、**於溝通協調言**：諸如排課原則，導師安排，學生勤務分配，以及學校識別系統之建立等，都要透過商量，大家集思廣益，找出接近公平具體可行的策略來執行。並與校外機關學校建立良好的互動關係。**公關，不一定是宴飲酬酢，而且這還得儘量的避免；但真誠讓人了解自己，支持學校，協助校務的發展卻是必須的**，無論是中央政府或地方政府、校友會、家長會，我們都必須重視彼此意見的交流、溝通。校長與行政同仁或教師之間，老師與學生之間，亦復如是。而校內各行政部門除善盡本單位之職責，更重要的是與他單位之互動，互相支援，互相協調，學校才會真正是一個和諧進步的團隊，才會有加乘的效果；否則單打獨鬥，各行其事，你搞你的，我做我的，力量勢必彼此抵銷。

(四)、務實創新，追求卓越

1、**務實**：不好高騖遠，要誠誠實實評估自己的條件能力，不打高空，腳踏實地，一步一腳印，萬丈高樓自會從平地起。

2、**創新**：不要因為務實而不思求新、不思求變，乃至喪失了寶貴的原創力，「**創意比世界更遼闊**」，有了創新的精神，就會發現問題，繼而解決問題，並創造出新的價值。**凡事，只求安於現狀，就是落伍的開始**。

3、學校的一切措施，一切規劃，都要賦予教育的意義，使之有更高的附加價值，只有不斷超越自己，追求卓越、才會出類拔萃，才能永遠居於優勢地位。

四、學校經營目標

（一）積極推動全人教育
（二）加強學生基本能力
（三）提高師資人力素質
（四）改善學校教學環境
（五）發揚菁英教育傳承

五、具體的做法

（一）在行政運作與校務管理方面
1、形塑學校的校園文化
2、落實校務決策民主機制

3、發展校內資訊管理系統
4、建立學校標準化作業識別系統
5、建立危機處理模式
6、支持協助學校教師會正向的發展
7、研擬具體可行的各項硬體建設改善措施
8、興建多功能之綜合大樓

（二）在教師教學與成長方面

1、鼓勵教師研究進修
2、規劃多元校內進修
3、鼓勵教師參加校內讀書會
4、提倡教職員工體能休閒活動

（三）在學生學習方面

1、加強課程選修預修制度

2、提高學生自學能力

3、輔導學生社團活動

4、加強學生輔導工作

5、推廣學生班級讀書會

6、推廣學生藝文教育

7、建立學生學習護照

（四）建立社區良性互動方面

1、支援社區辦理社會教育活動

2、鼓勵教師參與並協助社區發展

3、加強與家長會、校友會互動，並爭取支持

六、針對教育發展的趨勢，我們必須

（一）在制度層面

1、強調人文與科技並重，實施全人教育。

2、重視知識獲取、樂於知識分享、加強知識應用、鼓勵知識創新。

3、重視資訊、外語教育，落實課程革新。

4、啟發式教學，培養學生創新能力。

5、建立教學策略聯盟（社區化），共謀研究發展機制。

6、建立激勵與績效制度，提升行政與教學品質。

（二）在環境層面

1、建構開放與創意的校園文化。

2、充實教學軟硬體建設，開發永續發展的機制。

（三）在個人層面

1、教師改革—改善心智思考模式

2、學生改革—學習重點轉變

積極、主動、態度；重於知識、技能、方法。

EQ重於IQ：在校考試成績最好，未來成就未必最好。

3、影響力優於法職權—行政改革

服務、提供、協助才是最好的領導。

4、在危機中，充滿「轉敗為勝」的機會。

七、校園文化的願景

（一）和諧進步的武陵

（二）創意活力的武陵

（三）自由卓越的武陵

八、結語

校長的主要功能，在於塑造學校的願景、指引方向、把握原則。不可能事必躬親，也不必凡事一手包辦，所以必須仰賴全校師生合作、社區支持，及家長、校友的協助，才能發揮學校教育的功能。

讓「武陵經驗」的團隊成就，榮耀每一個「武陵人」！

武陵人，不管是校長、老師、學生，或家長、校友，願大家彼此以心迎心，誠懇待人，認真做事，全心關懷，全面觀照，瞭解本校的優勢、劣勢、機會及威脅點在哪裡？在以人文、多元、民主、資訊為核心概念的全球化腳步逼近下，唯有做好準備，迎接挑戰，才能找出永續成長與發展之道。

個人學養不足，德薄能鮮，初來武陵，一切歸零，一切重新開始，面對母校武陵有一份強烈的使命感，所以必須仰賴大家給我鼓勵、鞭策、協助，以營造一個知識份子理性論述的空間，建構一座良性溝通的平台。**對學生的教育，不只是「教過」，而是要「教好」；對行政工作，不只是把工作「做完」，而是要把工作「做好」**。當武陵的明天更好、更棒、更美，並更具競爭力時，這樣我們每一個師生，才會是真正「**昂首闊步的武陵人**」。

九 再站起來—從「量」到「質」的思考

2003年國際物理奧林匹亞金牌（左一）、銀牌（右一）得主與黃部長榮村（左三）及作者（右三）合影

一座城市因文化而偉大；一所學校因讀書風氣而卓越。

如果我們想要讓「武陵」的招牌，繼續引領我們的驕傲，武陵必須再一次地站起來。

再站起來，不是我們曾經跌倒；再站起來，不是我們有過失敗。但也正因為不曾跌倒，不曾失敗，使我們難以深刻感受到武陵再站起來的時刻，已經是迫在眉睫。

我無意危言聳聽；但事實上，一些難以察覺，甚至不知不覺的現象，正狠狠地腐蝕著武陵人的心靈。

且看武陵創校至今，近半個世紀的歲月，從成功高中茄苳溪分部，而五省中桃園聯合分部，而獨立為中學，改制為高級中學，並由省立升格為國立，一路走來，從小而大，從少而多，無論校舍規模、班級數、師生數、設備之增加、升學率之提高、奧林匹亞之榮銜……等等，武陵確實在成長、在進步。但這種偏在「**量的增加**」的成長進步，與所處社會的發展，經濟的繁榮，人口的上漲，政府廣設大學，受教機會增多等等，很多只是在大環境下的水漲船高，隨著潮流順勢而來的必然。四十多年來，武陵師生辛勤付出的心血，孜孜矻矻耕耘的佳績，當然絕對是不可否認，但我們卻也逐漸掉落在以數字顯示成果的陷阱裡。

所以，我要告訴今天的武陵人，我們必須趕快跳脫數字所帶來的迷思，不要再沉湎於量化所代表的輝煌。

回溯創校初期，瀰漫在武陵校園中的，是一幕幕篳路藍縷，櫛風沐雨，刻苦耐勞，師生情深，同學相親相愛，讀書風氣高昂，守秩序重榮譽，「**愛國家，求進步**」

（創校時行政大樓上的標語）等場景；今則已凋零萎縮，甚至消失殆盡。而這些正是我們武陵寶貴的資產，乃武陵精神之所寄。所以，「**質的提升**」，就是要從數字的背後，把這些武陵的無形資產找回來。

「武陵，再站起來！」是期待今天全校師生職工，乃至家長校友們，大家一起檢省思考，並重新再出發。

因此，我呼籲所有武陵人都來做做功課，問問自己：

一、就校長而言

◎是否明確傳達辦學治校的理念，並且堅持理念？

◎是否掌握學校經營的目標，讓全校師生在教學上有方向感？

◎是否兢兢業業於校務的推動與發展，並使校務的運作制度化？

◎是否公平對待每一個師生，並予以尊重、關愛？

◎是否做到分層負責、逐級授權？還是事無鉅細，事必躬親？

◎是否合理分配預算，使有限的經費做到最有效的運用？

◎為使行政運作順遂，教學實施有效，在行政與教學間是否找到平衡點？

◎是否功過分明，獎所應獎，罰所當罰？

◎是否要求太多，使員工不勝負荷？還是放任不管，聽任員工各行其是？

◎是否因為若干師生或家長不理性的對待而退縮、放棄？

◎是否只想到校長是一個領導者、分配者；而忘記了校長更應是一個服務者、諮詢者、關懷者？

◎是否只在意於武陵升學率的提高，而忽略了學生品質的提升？

◎是否與學生家長、校友做良好的互動溝通？

◎是否重視潛在課程，營造一個有利於武陵繼續發展的教育環境？

二、就老師而言

◎是否能以對教學負責的態度，在上課前認真備課？並熟稔教材內容，蒐集旁徵博引的資料？

◎是否努力使自己成為學科專業領域的頂尖高手，並不斷進修成長？

◎是否以父母心，與學生同喜同悲？既分享學生的成就，也會為學生不受教而流淚？

◎上課時，是否身在教室，而心在他處？是否當著學生面前在講台上打盹、假寐，甚至睡著了？是否發下測驗卷，即看著帶來的書報雜誌，置學生喧鬧而不顧？

◎學生的作業、週記等，是否認真批閱？還是草草過目？

◎導師是否與學生妥訂班級常規，發揮「**班級經營**」效能？

◎是否肯為學生多一些時間上、感情上的付出？不僅是課業的加強，甚至對學生人際關係的處理，生活常規的輔導，而老師的關心是學生最在乎的。

◎是否常假自由尊重之名，放棄了對學生的輔導與管教？或者，當眾對學生加以羞辱？

◎是否未事先請假而上課遲到、早退，甚至未到課，也未補課？漠視學生的受教權。

◎是否留意自己的服儀舉止，讓人一看有個「**為人師表**」的樣子？

◎是否期許自己，不但是「**經師**」，能夠把書教會；而且更是「**人師**」，肯用心把學生教好？

三、就行政職工而言

◎不論專、兼行政工作，不論職位高低，或是工友，是否主動積極，敬業從公，小心謹慎，依法辦事？

◎對教學支援、校務處理、校舍管理、設備維護、管線維修、水電節約、環境美化整潔等等，是否盡責關注，設法改善？

◎是否善與人處，肯與人合作分享？還是本位主義，自掃門前雪？

◎是否檢視過自己所作所為，及同事對自己的評價？

◎是否反省過自己在執行公務，只是「辦過」，而非「辦好」？

◎是否能虛心接受別人的建議或批評？

四、就學生而言

◎所謂「讀書」，是否只在讀考試的教材？還是會為自己的興趣看一些考試以外的課外書籍？

◎升學是否了解自己的性向？尊重自己的志願？還是迎合父母或師長替自己做的選擇？

◎上課時，是否趴在桌上睡覺、打手機、看漫畫，或是與鄰座同學交談、傳字條，而無視於老師講課？

◎是否熱心參與班級事務的處理，及做好所分配清潔責任區的整潔？

◎是否注意到自己班級的吵鬧，妨害到別班級上課的安寧？

◎是否為了社團活動，耽誤了功課？是否以補習為藉口晚歸，令家人操心？

◎是否知道對自己的行為要負責任？不論是考試作弊、偷竊、男女交往、打架滋事、對父母家長不敬等。

◎對於攸關升學之功課，是否專注認真去研讀？是否有系統地去整理？

◎對發生困難的同學，是否願意主動伸出援手助其一臂之力？

◎發現家中或校園的垃圾，是否肯隨手撿起來，並且不會亂丟垃圾，共同營造一個美好的生活及學習空間？

◎相信自己能，真的就能；老是覺得自己不如人，真的就會不如人。是否能對自己有信心，而「**自我應驗預言**」（self-fulfilling prophecy）？是否把握住機會接受挑戰？

◎是否能感念父母養育的辛勞與師長殷切的期盼，而不會做出違背父母師長的言行？

◎受到父母師長責備時，是否先檢討自己為什麼被責備、被處罰？

◎是否常把自己不當的表現和失序的學習態度加以合理化？

五、就家長而言

◎是否努力提供孩子一個理想的讀書環境？

◎是否認為只要孩子考高分上大學名校就好，其他都是次要的？

◎是否賞識自己的孩子？正面的「**比馬龍效應**」（Pygmalion effect），告訴我們要相信孩子、鼓勵孩子。

◎與孩子的導師及各授課教師，是否有良好的溝通互動？

◎孩子在學校受到挫折或被處分時，是否先關心了解原因，並給予撫慰支持？還是先怪學校師長？先怪學校同學？先怪孩子？

◎是否給了孩子太多的方便舒適，而廢了孩子面對生活必須學習的武功？諸如人際適應及生活技能。

◎是否忽略了教導孩子謙讓、容忍、感恩、關懷、與付出？

◎對學校的行政措施及教學活動，是先去了解、配合、支持呢？還是在不了解的情況下，動輒去干預、批評、挑剔？

六、就校友而言

◎在校肄業時，「**我以武陵為榮**」；畢業離校後，是否做到讓「**武陵以我為榮**」？

◎在經濟能力許可下，是否願意回饋母校，以獎掖提攜武陵學弟學妹？

◎功成名就時，是否願意回武陵母校，與師長及學弟學妹分享成功的經驗？

◎離開母校後，是否時常想到我是「**武陵人**」？

基於以上對武陵人種種的觀察，在「質的提升」方面，已是今天全體武陵人共同要有的體悟與實踐。「**進入武陵校園**，一**切都要有教育的意義！**」教育的核心價值在於「**培德育才**」，要把學生培養成一個完整的人，使之成為服務明日社會有用的人。所以，我們給學生的，不能只是知識經驗的傳承，也不是反應聰明的分數；而是對學生思考的邏輯，智慧的啟迪，創意的發揮，及面對

2004高中生英語外交小尖兵選拔，武陵高中榮獲全國冠軍

未來生活的適應，加以全方位的觀照。

教育家福祿貝爾說：「**教育無他，惟愛與榜樣而已！**」今天，身為武陵的師長、家長、及校友，都能為武陵莘莘學子付出愛心，樹立榜樣，不因循苟且，也不以過去在量上的成就而滿足，充分發揮質的影響力，重振讀書上進的風氣，使知書達禮的書香氛圍，在武陵校園蔚然成風，必可勾勒出一幅「**武陵的新圖像**」，讓武陵在新世紀初，再一次昂然英挺地站立起來。

十　榮耀武陵，捨我其誰？

今（九十三）年五月十九日的午后，我參加教育部歡送黃榮村部長的榮退茶會，黃部長到了會場，向現場人士一一致意時，握著我的手說：「**武陵高中這一兩年來，表現非常傑出！**」全國最高教育行政首長，在他退休前夕說出這句話，我認為這是本校莫大的榮耀，我彷彿戴上了一頂無形的桂冠。

正牧於前（九十一）年八月到本校服務，十二月我以共勉武陵學子「**謙沖自省，勤奮學習**」為題寫了一封信給本校學生家長，當年高一的學生，現在已升上高三了。而去（九十二）年十一月，我又以期勉武陵學生「**再接再厲，更上一層樓**」為題寫了一封信給學生家長。今年，我在開學的第一個月份，則以讓每一個武陵的學子都充滿自信地說：「**榮耀武陵，捨我其誰**」為題，再與各位學生家長分享，盼望由於家長與老師充分的配合，彼此相互瞭解支持，把武陵的每一個孩子照顧得更好，教育得更出色。

其實，這些信函，窺其內容，卑之無甚高論，且大同小異，都是一些老生常談的話，但身為校長，我的誠心誠意，年年都是一樣。

學校也是一個大家庭。校長是家長，是管家，事無鉅細，皆須費神。樣樣都想做好，但不一定樣樣都能做好。尤其身處目前這個開放多元的社會，校園生態已大異於往昔的環境下，在校務推動的實務面上，難免有層層阻力、重重關卡，要忍受冷嘲熱諷，要任勞任怨，還得要任謗；不能如此，如何存活下去？但只要老師認真教學，學生將來成材成器，對國家對世界有所貢獻，所有的辛苦，都會是值得的。近年來本校以升學為名所衍生出的趾高氣揚，志得意滿的形象，處處以為「**武陵現狀就是最好**」的迷思，使得要「**從好（現狀）中再求更好（未來）**」的努力，都會是一種原罪似的。這是一股非常可怕並盤據在武陵師生及所有與武陵有關的人心上，而且幾乎已根深柢固成不可撼動的思維模式。**最可怕的敵人是自己**。所以，我們不能不有此警惕和覺醒。

武陵學子要受到好的教育，但絕對不是僅僅在於「**升學率**」這個小小的環節上打轉。不可否認，在現實功利的社會中，升學的表現，評價著校長辦學的績效，也是學生家長，孩子父母最高的期望。然而，我們在能夠「維持」，並且還可以「提高」的升學率中，身為武陵的師長和學生的家長，應該啟導孩子們做深一層的思考，使武陵學子在「做人」、「做事」方面，也能夠有「**同步成長**」。事實上，德育、體育、群育、美育的學習，對學生未來漫長的人生，提供了非常寶貴的資糧。「**五育並進**」，不是學校教育的口號，全方位的學習探索，才是我們所期待真正的教育。

身為校長，我的確擔心升學率一旦下滑所帶來的責難；但我更盼望武陵學子，隨著升學率的提高，也學到了「**尊親敬長**」，學到了「**認真嚴謹**」，學到了「**時間管理**」，學到了「**付出關懷**」，學到了「**先公後私**」，學到了「**創意思考**」「**潛能開發**」，學到了「**伸出援手**」，甚至只學到了「**穿衣吃飯**」；而不是武陵三年，只學會記憶背誦，只學會實驗、考試。

今天，能夠關切也注意以上我提到這些武陵教育上的隱憂，無論學生家長或學校師長，顯然太少太少了。縱然有，也被一股「**我（武陵）就是最好的**」的氛圍所掩蓋，所以大多默不作聲，明知還有很大進步成長的空間，卻隨波逐流，視而不見，聽而不聞。**如果我們能夠對課業以外這些生命的資產加以開發學習，則「武陵人」未來的發展必定大有可為**。我們不能劃地自限，也不能甘做井底蛙。眼前所呈現的固然很好，但畢竟不是「最好」。今天武陵的學子，在昂首闊步之前，必須更為謙沖自省，更加勤奮學習，只有再接再厲，才能再創高峰，更上一層樓。

我常說，學生要學習成長，身為師長或父母更要學習成長；否則，我們憑什麼指導學生？憑什麼照顧孩子？師長父母所抱持的教育理念，是不能只看孩子考試得高分，考上「台清交」等而已。如果我們對教育沒有比較宏觀的思維，並因此而協助孩子開拓人生的視野，將來孩子長大後，在職場上因為非專業的因素敗下陣來，才發覺除了考試升學以外還有許多更重要的東西竟然沒有學到，沒有被要求，沒有得到啟發；那麼今天我們為人師長、為人父母者，實在不能卸責，甚至因此而遭到反噬，也是咎由自取，罪有應得吧！

各位賢明的父母，恭喜您是第一志願學校武陵的學生家長。貴子弟資質優異，實為可造人才；但要培養孩子使之成龍成鳳，學校與家庭之間必須充分配合，特別是家長與導師一定要加強互動，充分聯繫，並掌握正確資訊，做學校的後盾。

參加幾次親師座談會後，我發覺本校大部分家長對子女教育的盲點，在於以為武陵的學校教育，就只是為了學生的考試升學而已，這是很不正確的。今後，對於提高行政效率、加強老師課程教學、重視普通班文史科等，我們也都會逐步去重視改善。本校今年已奉准成立「**語文資優班**」，於甄選入學時有兩百四十一人報考，僅錄取三十人。雖不及數理資優班四百八十二人報考，也錄取三十人，但已是一個很令人振奮的開始。

前年十一月號第五八五期皇冠雜誌有一文〈城市書寫—北京，誰怕大陸人？〉在北京大學求學的作者王蘭芬指出已經有很多去過大陸的台灣人發出感嘆：「**台灣的年輕人再不努力，馬上就被比下去了。**」又說至今「**拚命讀書**」**的風氣仍生命力頑強地存在於北大校園裡。**更說：「**你應該已知道台灣很多男性娶大陸新娘了；但還沒意識到台灣有許多高級知識份子的女性，正不被人注意地與大陸男性談戀愛與結婚吧？**」

作者自己還說：「現在你知道誰怕大陸人了吧？我怕。如果你不怕，就一定要拿出相當的衝勁與魅力，大家在國際舞台雙方好好比劃一下。」所以我也常說：「**有實力才有魅力」，有魅力才能發揮影響力**。而「實力」在今天是一個多元的概念，不單只在學術領域做做研究，寫寫報告而已。台大校長陳維昭先生對當前教育未重視學生人格的陶冶，語多針砭，發人省思。報載上海超級兒童，勤奮好學，且熱中音樂、藝術和詩歌，還喜歡看姚明打籃球。報導指稱，美國將面臨大陸的長期競爭，而競爭的力量並非來自浦東簇新的摩天大樓，也非軍隊和工業，而是像上海幼稚園反應靈敏的「超級兒童」。香港文匯報對此還評論說，**大陸學生懂得學習，渴求受教育令他們不屈不撓，終將使大陸在世界上再次領先**。

「**我要上學！**」、「**媽媽，我不上學，一輩子淚都流不乾！**」，曾被翻譯成六國文字的暢銷書，大陸寧夏貧困小女孩寫的《**馬燕日記**》，日記主角馬燕一心想繼續讀書，那股不向命運低頭、超越自我、企圖改變現狀的堅定信念，字字血淚，感人肺腑，令萬萬千千世人讀了她的日記，都為之鼻酸動容。

看了上面這些報導，反觀本校武陵的教育，我們的競爭力在哪裡？在數理？在文史？在……，我們不是在跟縣內的某些高中競爭，也不是在跟建中、北一女比，而是要跟大陸、跟歐、美、日等世界先進國家同級的學校來比。但，今天武陵在校學子，如果不能定下心來，不能沉思奮進，不會縝密規劃，不提振讀書風氣，不做精進學習，天天沾沾自喜於學長所創出的一些小成就；則眼看時間一分一秒的流失，在縣內居冠稱雄的地位都會不保，又遑論其他？

以下這些算是小小的事，我除了懇託學校師長關心外，也請家長與孩子做好溝通，適切地協助與配合：

一、請督促孩子不要太晚就寢，否則會影響第二天到校之作息。目前有不少同學上課遲到，或者一到學校睡眼惺忪，精神不濟，七點半早自習時即呼呼大睡，嚴重影響身體健康及課程教學。我們都不願看到孩子，因為作息、飲食等不正常而「**顏色憔悴，形容枯槁**。」（司馬遷《屈原列傳》）

二、請留意孩子的兩性交往，青春期容易性衝動，對異性產生興趣，但在未上大學前應以功課為重，才不會浪費時光，才不會自誤又誤人。高三升學不理想的學生，這是一個大原因。「**問世間情是何物？直教生死相許**。」（元好問《摸魚兒》），青少年一旦起心動情又濫愛，後果將會難以掌握。

三、請注意孩子健康，要孩子多跑步多運動。不要讓孩子餓了缺錢買東西吃。要注意冷暖增減衣物。少吃高熱量食物，不做不適當的減重。最好為孩子準備中餐，叮嚀孩子多喝白開水，少喝各種鋁箔包飲料。「**人情一日不再食則饑**」（鼂錯《論貴粟疏》），勿使孩子挨餓，亦勿暴飲暴食。「**夫風雨霜露寒暑之變，此疾之所由生也**。」（蘇軾《教戰守策》）

四、告訴孩子不可亂丟垃圾，還要主動撿取垃圾。每天要早點到校，並參加學校清潔打掃工作。打掃工作不是早到同學的專利。持有「遠道證」的同學，也必須在八點前到校。

五、要注意服裝穿著。上衣要紮好（新款式規定可以不紮在褲、裙內的上衣除外）扣子要扣好，皮帶要繫上，所穿鞋子要與服裝搭配，不要奇形異色。走路行進，要抬頭挺胸，雙手不要插在口袋內，也不要瑟縮在袖口內。要從服裝儀容上表現出武陵人高雅的氣質，讓人一看，就會肅然起敬，心儀嚮往。要把武陵黃衫綠衣的榮耀，神采奕奕的穿在身上。

六、偷錢、偷手機、抽煙、吸毒、考試作弊、爬圍牆、打麻將……等等違規的行為，有尊嚴能自愛的武陵學生是不會做的。但請家長瞭解一下，您的孩子做了嗎？武陵學子，掉手機、掉錢，時有所聞，此必有人犯了偷竊行為，如非校外人，當為校內人所為。

七、要查知孩子班級導師、輔導老師、教官的聯絡電話，孩子有了異常狀況或去向不明等，請立即向導師、教官請求協助；但也要注意與師長的聯絡是否造成孩子精神上另一種負擔。更不要讓導師感覺為了張羅處理您的孩子，造成很重的負荷。

八、高一、高二的家長，可以鼓勵孩子參加學校開辦的社團活動，在社團中的學習成長深具教育意義，有其價值；但也要注意是否以參加學校社團活動為藉口，或以在學校晚自習為理由而時常晚歸，以致荒廢了學業又傷了身體。

九、鼓勵孩子與人為善，可在同學中結交三、五位知心益友，彼此分享，互相鼓勵，除可紓解學業壓力外，並可傾吐一些不想告訴師長、父母的私密。單親家庭的家長、隔代教養孩子的家長，仔肩千斤重萬斤重，對孩子的教養更要多多費心啊！

十、在寒暑假，找時間帶孩子到大陸、到國外旅遊（或遊學），看看大千世界，增廣見聞，可以培養孩子的國際觀。提供孩子廣泛閱讀的環境。要鼓勵孩子多看幾本中外經典之作。**閱讀，新一代的知識革命**。在紛擾的社會中，閱讀使生命獲得安靜。先博後精的閱讀，才能具備實力。不要只會在教科書的框架中撿拾可能已被淘汰的知識。「**吾嘗跂而望也，不如登高之博見也。**」（荀子《勸學》）

十一、簡訊詐騙，時有所聞，須多加防範。歹徒詐騙手法推陳出新，道高一尺，魔高一丈，特別以危及學生安全要脅，請家長冷靜沉著與學校配合妥為因應。

十二、如果您或家人接送孩子上下學，在本校校門口，請特別注意停靠車及孩子上下車時的安全。

十三、不要在考試分數或成績排名上給孩子太多的苛責。誰不想考好？但有時也會閃失。希望能在您的鼓舞中期待下一次的好轉。**要賞識孩子，卻不可驕縱孩子**。但也請告訴孩子要在乎每一次的比賽，因為那也許就影響了自己的一生。

十四、高三家長要充分瞭解**大學各種入學管道**，可以給孩子升學的建議，但不宜強制孩子聽從。讀數理、唸文史，都會有一片藍天。**目前唸數理學生特多，讀文史反而會是一個新的契機。再者，與其唸不是很理想的私立普通大學**，不如去讀國立的科技大學，如台科大、北科大等。

十五、請協助孩子擬妥「讀書計畫」（預習複習功課的進度表），並堅持照計畫進度執行。「**今日事，今日畢**」，今天的功課，今天一定要完成。要珍惜零碎時間，不可浪費。**讀書風氣必須與武陵學子劃上等號。「夫子積學，當日知其所亡，以就懿德。」**（范曄《樂羊子妻》）與其高三拚死拚活，何不在高一高二時，即按部就班一點一滴的準備。「水到」屆時即可「渠成」。

十六、請鼓勵孩子多發表（尤其文章）、多創作，並嘗試寫寫學術論文（在格式、體例等，給予指導或要孩子向師長請教）。要認真培養第二外國語文能力（尤其英語）及電腦應用、資料蒐集處理能力，俾與世界接軌。

十七、高中生正是狂飆青春期，胡思亂想、奇思異想、發發呆、做做白日夢，犯點小過錯，都是難免的。孩子無心的過失，勿過分給予苛責，但要讓孩子知道錯在哪裡，並多予正向的關懷支持。而且，孩子是否真的錯了，一定要查明原因再做處理。**「事不目見耳聞，而臆斷其有無，可乎？」**（蘇軾《石鐘山記》）

十八、請告訴孩子要對自己的行為負責任，要尊敬師長，孝順父母，敬業勤學，專注，成就被人看得起，能被人委以重任的條件，以此開展自己燦爛的人生。武陵畢業生，將來在社會上都是決策階層、管理階層的菁英，必須**先學會被領導，將來才能領導人家。**

十九、武陵的孩子都那麼有錢嗎？有錢就可以亂丟衣物嗎？在校園內，隨處可見到學生把衣服亂丟，學務處撿集的學生衣物經常是堆積如山。錢都是父母家長辛辛苦苦掙來的，**當知節儉是美德，要能知福惜福。「生之有時而用之亡度者，則物力必屈。」**（賈誼《論積貯疏》）

二十、如果您的孩子在外租屋居住，要特別叮嚀孩子食宿安全與作息的正常，並時常與孩子保持聯絡。

二十一、我觀察武陵優秀的學生，都有一些共同的特質，那就是：**資質優異，謙遜有禮，上課專注，學習積極，計畫讀書，把握機會，隨時做好準備**。您的少爺、千金呢？我和您一樣，希望也都能夠是這樣。

二十二、我不反對，但也不鼓勵武陵學生在夜間到補習班補習。但如果因為參加補習搞得很晚才就寢，影響了第二天的上課，日復一日，恐怕是「得不償失」吧？高一高二尤其不宜到補習班煎熬。

二十三、請告訴孩子：「**你有偉大的潛能，你很有創意，只要讀書用功、做事認真、待人以誠，未來的發展必定無可限量！沒有任何一個人和你一樣，要做你自己的主人。**」

二十四、請再告訴孩子：「行行出狀元，能夠全心投入，全力以赴，你必然卓然有成；數十年後，**武陵將以你為榮！**我們都將以你為榮！」

本校近三年畢業生國立大學的錄取率，九十一年是78.85％，去（九十二）年提高到80.04％，今（九十三）年達到86.07％，可謂節節高攀，可喜可賀。國際奧林匹亞競賽及大學學測、指考亦都有良好的成績，本人也得到教育部聘任為二〇〇四年國際奧林匹亞競賽指導會委員的殊榮。今年的國中生基測成績達到建中最低錄取標準（280分），選擇就讀本校的有一百二十八人；達到北一女最低錄取標準（279分），選擇就讀本校的有一百一十六人，合計二百四十四人，超過五個班級之多，這些亮麗的數據反映了眾多家長對本校辦學之肯定與信賴。除了數理資優班、音樂班外，今年本校又奉准設立「**語文資優班**」，這對想念文史法政選社會組的同學是一大喜訊。但不管是資優班、普通班，學校不會也不應該放棄任何一個武陵的學生，許許多多優異的表現，更是普通班的學生所締造。但孩子自己不圖長進，不學好，不能自我約束；反而我行我素，不受教，無視於學校的規範和師長的期待，學生家長又不能理解，不能配合輔導，那麼學校在不得已下，也只能祭出忍痛割愛的無奈。

謝謝您費心看完這封信，語重心長，只希望獲得學生家長一點點的迴響與配合。

根據多年的辦學經驗告訴我，孩子能夠做到以上這些要求的，正是所謂「**品學兼優**」的學生。而品德尤其重要，**書讀不好可以重來，品德有虧，常是難以挽回**。今年本校有三位同學即因操行分數不及格而無法領到畢業證書，誠屬遺憾。**未來的職場上，誠實、敬業、合群、負責等品德的指標，更決定誰勝出，誰出局**。

武陵學生家長絕大多數是高社經背景的社會菁英，一向關心孩子教育、關心國家未來，我也和家長一樣，期待下一代比我們這一代更傑出，更優秀。**以前我們是教導孩子知識、能力；現在則是教導孩子學習的方法，以及怎樣主動進行有效的學習**。為了武陵學子，為了國家教育，讓我們一起努力，武陵的孩子不可自命不凡，武陵的學生不可坐井觀天，而是要以更謙虛的態度和更旺盛的企圖心，勤奮學習，以豐富自己生命，並面對未來太多太多不可預知的挑戰。

「**榮耀武陵**」，是我們每一個武陵人責任；締造武陵光榮的未來，「**捨我其誰**」？

十一 營造高中生主動性學習和研究性學習的空間

壹、主動性學習

一、主動性學習的意義

彭森明（1996）指出，如何促進學生真正地、積極地、有實質性的學習，是當今教育改革諸多方案中，常被忽略或淡化的一項根本理念。已有許多研究發現，學生越主動積極投入學習的活動，會學得越多，學得越好，也學得越快樂，這就是「**主動性學習**」（active learning）。所

作者於北京大學英杰交流中心發表論文

以，有效的教學必須借助視、聽、觸、嗅等感官，以及記憶和心靈思考的運用，去認知一些人、事、物，以及理解一些觀念和原理，並進一步去聯想、推演、判斷、解說與運用等。任何教學策略，不能以推展主動性學習為目標，則再好的設備、再好的課程，也往往事倍功半，無法有效提升教學效果。

其實，「**主動性學習**」的教學策略，和吾人所熟悉的啟發式教學、合作式教學、分組討論、做研究報告等，在理念上，彼此都有若合符節之處。但我們一直沒有系統地去發展這種理念，使之成為主流的教學方式，導致沒有以這種理念來整合歸納各種教學的策略，來主導教材的編製，也未以適當的教學評量來反映教學的成果。所以鼓勵並輔助站在教學第一線的教師使用這種教學策略，應是當今教改的要務之一。

促進學生主動學習，高博銓（1999）認為，**首應創造資優的學習環境**，**讓學生能夠在自由開放**、**無憂無慮的環境中自主學習**。也就是把過去以教師為中心的教學，改變為以學生為中心的教學。教師不再是發號施令的權威者，不再是指揮學生一定要學什麼、做什麼的大人；而是尊重、信任、協助學生的學習夥伴。

二、主動性學習的特徵

主動性學習，顧名思義，是被動性學習的相反詞。一般傳統的教學與學習，如教師講，學生聽；要學生背誦課文；要學生記人、事、物名稱等，就是被動性學習的教學。在此方式下，學生只默默地接受教師或書本上所記述的東西，不須經過太多的思考、追索、分析與判斷。學生只要能記住或轉述教師及書本上的東西，就算達成學習目標。在這種情況下，學習是靜態的，即乖乖地，靜靜地聽或看；是被動的，即教師說一即是一，說二即是二；是以教師為中心的，即教師說，學生聽，教師做，學生看，教師是演員，學生是觀眾。**被動性學習，即所謂「填鴨式」的教學。**

主動性學習的教學，著重於學生的積極參與各種學習活動，所以動多於靜，做多於聽或看，如要求學生提問題、參加討論、做實驗、寫報告等，在此方式下，學生要真正地去思考、研究、分析、說明與辨証；學生不能只接受教師或書本上的答案，而是要用自己的語言，自己的方式去解釋和說明。主動性學習著重在學生的自動、自發與自主性。如寫讀書心得或研究報告，學生必須自己提出問題，自己去找資料，自己去安排與控制學習方式，是學生自己主導的，符合學生個別興趣和學習速度，教師所要做的是從旁加以輔導。

主動性學習的過程往往是多層次、多方性與多元化。換言之，這種學習的過程，往往將各種教材（如歷史、地理、科學及數學觀念）和學習目標（如了解、計算、寫說明文），融合在同一單元進行教學；也往往要求師生間與同學之間的相互合作、相互激發。這也正是台灣目前國中小課程實施九年一貫、七大領域（註1）、協同教學論點的立基。另外主動性學習的過程，往往要藉助學生以既有的知識及經驗去開拓新的知識領域。因此在此種學習方式下，學生不僅能學到一些片段事實、觀念、

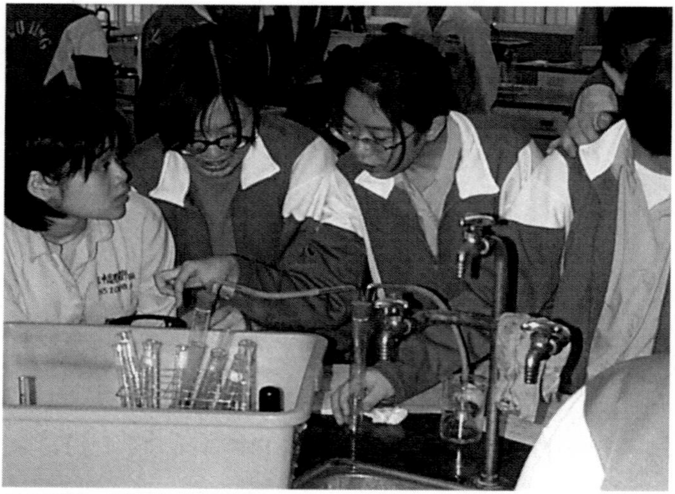

武陵學子的化學實驗課程

技能與知識等，而且也能了解其間相互之關係，及如何應用到實際生活中；不僅能學到某一特定課程單元，而且也同時學到相關課程，使學習層面增廣、學習內容加深，使學習成果多層化。另外由於師生與同學之間有高度相互合作關係，也增進了與人相處的能力，表達思想的技巧與方式，以及與人合作的精神與能力。換言之，在主動性學習的歷程中，學生在教師輔導下的學習情境中，學會如何學習（learning to know），學會如何做事（learning to do），學會如何與人相處（learning to live together），也學會如何適應千變萬化的環境（learning to be）。

三、主動性學習所呈現的學習現象

（一）學生積極投入學習的活動。

（二）學習過程中著重思考與創作。

（三）學習活動往往須由學生自己主導。

（四）學習教材多元化，成果多層化。

（五）學習常以問題為始，尋求答案為終。

（六）學習常須和他人相互合作。

（七）學習是舊知識、舊經驗；和新知識、新經驗的結合。

在此種學習方式下，學生是學習過程中的主角演員，而不是觀眾或聽眾。教師是導演，是引導者、輔助者，是助手或聽者、觀者。許多研究已證實主動性學習，學生會學得多，學得澈底，也學得比較有趣、比較快樂。

四、主動性學習的教學策略

推動主動性學習，教師的主要職責在創造條件、提供機會，引導學生積極投入學習活動；讓學生時時刻刻都能專注在學習情境中，並做思考的活動。此種教學方式很多，何時用何種方式，得視課程內容性質及教學目標而定。其策略如：

（一）在課堂上要學生多說多做，比如：

1、聽完故事或看完一篇小說之後，提問題，引導學生討論故事中的人、物、情節；要學生發表個人看法或批判。

2、要學生做實驗及提出報告。

3、要學生做分組討論，提出答案。

4、玩學習遊戲，分組比賽。

（二）講課時用各種不同問題，引導學生思考。提問題的方式很多，除了「何人、何事、何地、何時、何故」之外，還有「如何改變」、「如何改進」，以及「假如這樣，又會怎樣」等。

（三）要學生做修正。比如寫報告及作文，教師指出缺點或錯誤，然後要學生重寫，改進至相當滿意程度為止，促使學生進行思考，以收學習實效。

（四）每學期要學生自訂題目做研究報告，教師從旁指導，提供意見，解答學生疑難等。

（五）將學生分成小組，一起做研究或集體創作，如有關地方環保問題，社區衛生問題等。

（六）鼓勵學生一起做功課，輪流當小老師（peer teaching），從教中學和做中學。

（七）提供電腦設備及電腦輔助學習的軟體設施，讓學生自由使用，進行個別學習。

（八）教師提供補充及自修教材，學校充實圖書設備，讓學習速度較快的學生，能自動攝取更多的知識。

換言之，對喜歡吃魚的學生，教師的任務不是拿魚給學生吃；而是創造條件、提供機會，幫助學生思索如何捕捉到魚的方法。由台北市北一女吳育雅老師指導學生參與美國航空總署（NASA）自2000年開始推動的「全球雲與地球輻射系統觀測計畫」中的「學生線上雲觀測計畫」，學生仰觀天象，透過參與的過程，學會了找出問題、解決問題，並能歸納出結論。因看雲而揚名國際，更是台灣推展主動性學習的著例。（李宗祐，2003、10、6，中國時報）

五、主動性學習的教學效果評量

要推展主動性學習，必須改進評量教學成果的方式。傳統性的測驗方式，不能完全反映主動性學習的目標，而且往往壓抑其發展，因為傳統性測驗題往往偏重支離，片斷的知識，缺乏整體思考過程與真實應用能力的考量。因此新的評量方式，應棄除這些缺點，才能推展主動性學習。

目前受重視的實作評量（performance assessment），著重於整體能力，兼顧相關知識與技能的瞭解、思考過程、及實際應用能力。此種理念與主動性學習的理念相符合，宜多採用。依此種理念，教師可多採用下列評量方式：

（一）以問答題，要求學生說明或表達個人意見，以評量學生對某項問題瞭解的程度，並促進分析、組合、判斷及表達能力的培養。

（二）要學生提專題研究報告，針對某一問題做廣泛深入的探討，這種方式，尤其適合社會科。有些研究報告，可採小組集體創作方式，以培養合作及相互指導。

（三）理工學科，要學生做實驗，並將實驗結果，寫成書面報告並做口頭說明實驗過程及結果。

（四）數理科試題宜多採演算及應用題，以考量學生思考及推演過程和實際應用能力。

（五）作文評分，除初稿外，亦宜加覆稿評分，以鼓勵學生去真正瞭解自己文章的缺點並做改進。

（六）學生在課堂活動參與程度以及課外自習程度，宜加以評論，以鼓勵學生自動、自發及積極參與的學習精神。

至於大型性的評量，如升學考，會考等，雖然採取實作評量方式可能會有作業上的困難，但下列原則應該是可以採納的：

（一）一般文史科目，儘可能加重問答題及應用題。

（二）語文科加重作文及評論題。

（三）數理科加重演算及應用題。

（四）社會科可加評論題。

當然即使採用這些方式，一次的評量也未必能很準確的評量學生在某一科目的真實程度與能力，因此應設法將學生長時期的學習表現，併入考量，以做為評量學生在某一科的學習成果。換言之，與升學有關的大型性評量不宜「**一試定終身**」，不宜以一次會考成績來做決定（註2）。

不過，對於學習意願、學習動機不高、學習成就低落的學生，實施主動性學習的教學策略，其可能受到的限制及如何克服，則尚待研究。換言之，這種教學策略，對資優班學生較為合適。

貳、研究性學習

一、研究性學習的意義

做為一種學習的方式，「**研究性學習**」（research learning）是指教師不把現成的結論告訴學生，而是在教師指導下啟發學生自己去發現問題，並按照科學的方法對問題進行探究，在研究過程中主動獲取知識、應用知識、解決問題。用研究性學習的思維模式，很多問題都可迎刃而解。近年來大陸的高考（大學入學考試），不論理科或文科，都有越來越多研究性學習的試題出現。而目前台灣入學大學的學測或指定科目測驗，在統一命題形式公平下，研究性的學習題目出現，仍有待加強。

由於研究性學習的蓬勃興起，以往老師滿堂灌，學生硬背死記的傳統教學方式，正大受撻伐，甚至遭到唾棄。研究性學習轉變了教師的教學觀念。把「**想給學生一碗水，教師就必須有一桶水**」，變為「**教師要用自己的一碗水，造就學生的一桶水**」，再變為「**要想給學生一碗水，教師就必須是一池永不枯竭的泉水**」。（張紅旗、戚海燕，2002、1、24，北京日報）所以，研究性學習使教師在教學實施上，面臨了新的挑戰。

二、選修——研究性學習的重要課程（北京匯文中學的成功經驗）

如果說在必修課上採用研究性學習的模式容易與現行的教學時間、教學進度發生矛盾，尚需研究解決辦法；那麼，在選修課上，這些衝突就會小得多。針對這一實際情況，北京匯文中學在積極探索必修課中進行研究性學習的同時，把選修課作為開展研究性學習的重要課程。

從1998年開始，匯文中學在高一、高二，實施「**三板塊**」教學模式。每個學生除完成國家規定的必修課程外，還要分別修滿二十二課時的必選課和十二課時的任選課。在三十多門選修課程教學中，各科教師都會想盡方法，體現研究性學習開放性、探究性、實踐性的理念。

在傳統的化學課實驗中，都是教科書上訂出操作程序和藥品種類。在高一開設的實驗選修課中，匯文中學改變了這種辦法。老師讓學生根據自己的知識水準、實驗技能，自主設計實驗報告，自己設計操作程序，自己親見操作的結果。

學生自己設計操作的實驗結果，與最初的期望可能有很大的差異，當實驗發生問題時，是放棄重做還是修正計畫繼續進行，仍由同組或同班學生自己討論決定。**這會使學生從做中領悟到科學是不斷探索的過程，而找出差錯的原因有時是一種更加重要的學習過程**。

幾年來，匯文中學的選修課讓學生對研究性學習有了廣闊的探索空間，研究性學習也使選修課提高了層次，深化培養學生研究意識的功能。（宋曉夢，2001、9、13，光明日報）

三、重視研究性學習，高（大）考不吃虧

當研究性學習還處於起步階段時，試題的考查只是學生對研究性學習的方式、方法、步驟過程的了解。2002年，展現在大陸全國高考中的研究性學習試題其難度明顯增加；涉及的學科增多，命題的形式也更為靈活。

值得注意的是2002年和2003年，大陸全國高考試卷研究性學習試題的出現，對沒有掌握研究性學習方法的學生會感到很難，而且錯誤率很高。全國高考考卷的這一變化說明：**高考命題已經從考查知識為主，進一步轉變為考查能力為主。**而開展研究性學習，培養學生提出問題、分析問題、綜合應用所學知識解決問題的能力，也已經成為對全國基礎教育的要求。顯然，這一轉變對不少在傳統教育軌道上駕輕就熟的學校是一項大的挑戰，但同時也是走向現代教育更高層次上重新崛起的機會。

有識之士指出：高考命題的改革，將對中學基礎教育產生良好的導向和重大的影響。擔心「研究性學習是否會變成新的應試模式」是沒有必要的，因為這種**「應試」能力的提高，同時也就是解決問題的能力和終身學習能力的提高。**（宋曉夢，2003、

8、28，光明日報）

筆者認為，台灣大考的命題，在教改聲中，亦將逐步跳出形式公平的窠臼，漸漸重視並呈現出更多研究性學習的試題。

四、必然趨勢——研究性學習走進高中校園

高中學生的研究性學習是讓學生以自主性、探索性學習為基礎，從感興趣的社會科學、自然科學以及生活中選擇研究的專題，以個人或小組合作的方式進行研究，讓學生掌握基本的研究學習方法，從而培養學生綜合應用所學知識解決實際問題的能力，形成初步的科學精神、科學認知、和科學態度。

由於研究性學習注重培養學生獨立思考、自主學習能力，課程具有較大的彈性，實際上是透過教與學傳統方式的改變，由師生共同建立起平等民主、教學相長的教學過程，從而提高學生分析、解決實際問題的能力，使教與學的重心不再僅僅放在獲取知識上，而是轉到掌握學習的方法上，使被動的接受式學習轉向主動的探索性學習。

研究性學習的內容，對學生的評價並不是關注在「**研究成果**」、學術水準的高

低，而是學習內容的豐富性和研究方法的多樣性，強調學生學會蒐集、分析、歸納、整理資料，以及資訊的處理反饋，是注重「**研究過程**」。所以研究性學習的課程設計，在整個高中階段，對於培養學生的創新精神和實踐能力，提升學生的基本素質，具有重要的意義。

普通高中教育不能僅僅為升大學做準備，應該為學生繼續學習、參與未來社會，具有可持續的發展能力打下良好的基礎。學生在學習中的「人本位」特點，如突出學生自主學習地位，強調與現實生活及學生經驗的聯繫，充分重視學生社會實踐的能力和心理素質的培養。它在幫助學生轉變學習方式的同時，透過學生親身體驗進行探索性、研究性、自主性的學習和實踐，提高學生綜合應用所學知識解決實際問題的能力，培養學生創新精神、實踐能力和終身學習的能力。（董碧水，2001、9、25，人民網）

顯然，這種研究性學習的教學方式，已深入校園，如果在教學效果的評量上，在考試的命題上及升學的管道上，都能有所突破而充分配合，這種教學方式必蔚然勃興，即便是必修課程的教學，亦將被廣泛採用。學生在老師的指導下，從自然、社會和生活中選擇和確定專題進行研究，這樣的活動，也必然成為當今高中校園教學的主流趨勢。事實上，撇開升學考量，這種開放性班級形態的教學，在台灣各高中已普遍採行，此從校內之各種考試或競賽中，已具體可見。

參、主動性學習和研究性學習之實施—以武陵高中數理資優班為例

一、引言

學校教育不應單純以學科為中心，也不應一味的傳授教科書上的知識；而是要強調現實生活與學生經驗的聯繫，激發學生創新精神、培養實踐能力。研究性學習的重點在讓學生能以自主性、探索性的學習為基礎，從自己感興趣的學科及現實生活中選擇研究的專題，以個人或分組合作方式進行研究，讓學生學習基本的研究方法，進而培養學生應用知識解決問題的能力，並養成學生正確的科學精神和科學態度。茲以武陵高中數理資優班為例簡介如下：

二、課程編排及教學特色

武陵數理資優班於1988年奉准成立。在教材及教法上，注重加深、加廣、加速。除原有部定教材外，另外對於課外教材如大學課程相關內容、學術期刊、相關實驗等均加以補充。武陵數理科老師除參與教育部、台灣師大科教中心等單位編印數理補充教材外，在校內亦自行編印數學、自然各科補充教材，作為數理資優班學生學習研究參考的資料。

在教學上，以引導學生主動性學習、研究性學習為主，常採用分組合作研究方式，培養學生獨立研究的能力。高一上學期讓學生探索自我興趣後，選擇自己喜歡的學科及主題作專題研究。授課老師首先會指導學生如何蒐尋資料、如何寫學術研究報告，再讓學生經由討論、實驗驗證、再討論、再實驗驗證……等，周而復始的讓學生在學術園地盡情發揮，培養創造思考的能力。

為達成上述目標，武陵對數理資優班課程安排和普通班亦略有不同，其重點即在要求課程收到深廣之效。資優班高一下，高二上下及高三上下學期課程之配當如「註

3」、「註4」及「註5」之說明。

三、充實圖書資訊及教學設備

為資優班學生設立資源教室，提供場地方便同學取用相關參考資料及圖書期刊，並可作為分組討論及研習場地。數理班同學至圖書館借閱書籍，可得到較長借書期限及借出冊數較多之便利，相關教學設備在預算支持下，則不斷充實，以利資優班師生進行主動性學習和研究性學習。

四、教學實施的措施

高一、高二每星期有二節專題研究課程，學生依興趣選擇不同題目，由老師指導學生，培養獨立研究的能力，協助學生作專題研究，將研究成果延伸為科展題材，並編輯專題研究報告，且印刷成冊（註6）。

除校內專題研究外，學生亦主動積極參與校外的各項研究計畫，如元智大學林錕松教授主持的「高中科學資優學生之奈米材料科技訓練養成及人才培育之研究計畫」、台灣大學及台灣師範大學共同主辦的「高中物理資優培育計畫」，及清華大學王金龍教授指導的「高中數學資優培育計畫」及清華大學主辦的「高中物理、化學、生命科學資優培育計畫」……等，武陵學生在參與的各項研究計畫中，均有極為傑出的表現。

武陵數理資優班在推動「主動性學習」和「研究性學習」的教學措施下，除了每週五天、每天八節的正式課程外，師生更常利用週六或週日時間圍繞科展或自行訂定的專題進行討論、實驗、探究、並撰述報告。

五、校外教學及參觀訪問

本校並利用社會資源，安排學生從事實驗、討論、採集等科學活動。對於有關研究題材作校外參觀教學活動，如參訪晶圓封裝廠、飛機維修廠、中科院、電信研究所、國家公園、南仁湖、科博館……等，學生且須提出心得報告，期望從參觀中激發學生對科學研發之興致，並提高同學的科學素養。

六、相關輔導措施的配合

（一）數理資優班學生仍積極參加校內各項班際活動，如：各類球賽、運動競技、合唱、藝文活動等，讓學生在校園生活上回歸主流，不至特立獨行，難以與人相處。

（二）輔導室對於數理資優同學提供心理輔導與諮商，避免不必要的挫折感影響到學生心理及人格的發展。

（三）學科輔導著重主動學習的過程，以多層次、多樣性、多元化為主，這種學習過程促使師生間與同學間相互合作、相互激發，進而使學生能以本身具有的知識及經驗，去開拓新的知識領域，取得新的生活經驗。

七、學生對外比賽成績優異

武陵自1988年第一屆數理班設立後，學生對外參加國際性競賽常有優秀表現，重要得獎紀錄豐碩，至今(二〇〇四年)所獲國際奧林匹亞競賽，**計得金牌七面，銀牌十三面，銅牌五面**。而參加國內各項學科能力競賽或科展的成績亦時常名列前茅。

八、資優班的升學表現

數理資優班高三畢業生，每年經由推薦甄選、申請入學、考試分發等管道升學，皆能順利進入國立大學理想的科系。

九、現況檢討與未來展望

武陵設立數理資優班，增加了資優生學習的時間和空間，對外比賽經常有優異成績，除可鼓舞本校師生士氣及提升師生榮譽感、認同感外；對於全校學生學習數理風氣亦有顯著振奮作用。這可由武陵自然組升學率逐年提升至99%，以及選讀自然組學生大幅增加看出端倪（註7），也因此備受家長及社會的肯定。武陵數理資優班的設立對學校已做出了一定程度的貢獻。

數理資優教育是菁英教育，無論老師教學的壓力或學生學習的壓力，局外人往往是難以體會的。爾後除了師生本身必須不斷虛心學習，特別是老師教學策略的調整與改進外；在行政上，科學領域教師實施分級專業證照制度，以及開放資優生更多元、更暢通的升學管道，才能使高中的數理資優教育不斷的提升與進步。

目前數理資優班學生，由於高三時須參加基本學科能力測驗、指定考科測驗……等大型的會考，而這些大考的評量尚多採用傳統的測驗方式；傳統的測驗其測驗題目往往偏重支離、片斷的知識，缺乏整體思考過程與真實應用能力的考量，無法準確評量學生在某一科目的真實程度與能力。武陵迫於學生的升學壓力，數理資優班高三課程的配當，還須與普通班第二、第三類組大致相同。

若要完全反映資優班學生主動性學習的教學，大學升學管道應更加多元化，或為其另闢管道，這些已略具獨立研究能力的高中數理資優生，才能更順利進入其理想的大學科系，並有更大的研究揮灑空間。而這是須要教育部、國科會與大考中心及相關大學共同研商，才能訂出一套具體可行且是資優學生樂於接受的一套辦法；否則，在「大學自主」而未能切實配合之下，對推動資優教育，培育科學菁英，恐將徒託空言。

教改教改，不叫不改，有叫有改，越叫越改；教改像月亮，初一十五不一樣。於今，不獨海峽兩岸如此，可謂全世界皆然。但由於改革的切入點不同，也就形成百花齊放、萬鳥爭鳴，莫衷一是的局面。唯一共通的，是大家都深信「教育」乃提升國家競爭力的至上法寶，因此在教育政策法案之擬（修）定，學制、課程之改革，教材教法之創新，科技之運用，社區之支持，師資之培育，教育經費所佔預算之比率，教育四權（**校長行政權**、**教師專業自主權**、**家長參與權**、**學生受教權**）板塊之移動，乃至校園文化願景之塑造等，都寄予更多更強烈的關注，並從各自抱持的理念付之於行動。

但無論如何，**教改都應以提高教學效果**、**提升教育品質為首要之務**。由此觀之，在校園推展主動性學習和研究性學習，為學生營造廣闊的學習空間，應是今天學校教育改革重要的切入點，特別是在高中教育的這個階段。今後，在**網路學習**（e-learning）和**行動學習**（mobile learning）的科技推波助瀾之下，主動性學習和研究性學習更能跨越時空的限制，呈現無時不在，無所不在的學習新面貌。**當學習就是真實的生活，不論是在家庭、在學校、在社區，在任何組織的學習，亦不論是獨立學習或合作學習，都將是令人喜悅的成長活動**。

最後，謹以林語堂〈生活的藝術〉一文中這段發人深省的話，結束本文。

「世上實無所謂必修科目、無必讀之書。尋求知識，應該像是去發現新大陸，是

『一個心靈的探險行為』。如果用坦白的、好奇的、富於冒險性的心胸去維持這探索精神，則這尋求便是一種快樂而不是痛苦。尋求知識完全是自己的事，與旁人無關。只有如此，教育方能成為一種快樂，並趨於積極。」

（93年6月《台灣教育》月刊）

【註釋】

註1　國中小課程七大領域，即語文、數學、社會、自然與科技、藝術與人文、健康與體育、及綜合活動等七項。

註2　國中升高中可以參加兩次基本學力測驗；高中升大學有學科能力測驗、指定考科測驗。並均以推甄、申請及登記分發等強調多元方式入學，避免一試定終身。

註3　武陵高中普通班高一不分組，但數理資優班既定位為「數理」，所以，高一課程與不分組的普通班仍有所區別。高一2班至20班為普通班，「基礎生物」、「基礎物理」與「基礎化學」均是上下學期課程對開。

註4　武陵高中普通班高二時分社會組（第一類組）及自然組（分第二、第三類組），第二類組為理工科，第三類組為醫藥農科。數理資優班為自然組，與普通班第二、第三類組亦

有不同。高二2班至10班為選修第三類組，11班至16班為選修第二類組，17班至20班選修第為一類組。

註5 武陵高中數理資優班於高三時，要唸理工的，其課程類同普通班第二類組；要唸醫、藥、農的則類同第三類組。高三2班至9班為選修第三類組，10班至14班為選修第二類組，15班至20班為選修第一類組。

註6 武陵高中數理資優班自1988年設立以來，每年均編印學生數學、物理、化學、生物等專題研究報告。

註7 武陵高中每年級除音樂資優班1班外，另有數理資優班1班及普通班19班。93學年度起，又奉准設立「語文資優班」，高一起普通班即減為18班。以92學年度為例，高三自然組為14班（數理資優班1班、第二類組5班、第三類組8班），社會組（第一類組）為6班。高二自然組增為16班（數理資優班1班、第二類組6班、第三類組9班），社會組（第一類組）降為4班。自93學年度起又增設語文資優班一班。

【參考資料】

1 彭森明（1996）。主動性學習的理念與施教策略。教育資料與研究。台北：國立教育資料館。

2 高博銓（1999）。善用教學策略促進學生主動學習。師友月刊389期。台中：師友月刊社。

3 宋曉夢（2001）。選修課：研究性學習的重要課堂。北京：光明日報。

4 董碧水（2001）。浙江：研究性學習走進高中課堂。人民網。

5 張紅旗、戚海燕（2002）。研究性學習悄然走進京師課堂。北京：北京日報。

6 宋曉夢（2003）。教育關注：不重視研究性學習高考要吃虧。北京：光明日報。

7 教育部（2002）。高級中等學校學生參加國際奧林匹亞競賽保送升學實施要點。台北：教育部。

8 武陵高中（2003）。第十三屆數理資優班學生專題研究報告。桃園：武陵高中。

9 李宗祐（2003）。自主學習有助成長。台北：中國時報。

武陵美美的校園，是學習的天堂

十二 教科書「統」「審」平議及「一綱多本」的迷思

台灣書店倉庫教科書堆置配發作業

教科書編輯制度，直接關係到教科書編輯的內容及形式，間接影響了教育實施的品質。中小學教科書的編輯，一般可分為：**統編制**、**審定制**、以及**自由制**等三種類型。

長久以來，台灣地區中小學教科書，除少數科目外，大部分採行由政府主導的統編制。不過，隨著政治環境日趨開放，教科書開放為審定本的呼聲日熾一日。自七十八學年度起，教育部開放國民中學藝能、活動及選修等科目教科書採行審定本；八十學年度起，國小藝能科亦隨之開放。這些科目開放之後，民間版審定本教科書之編印，即來勢洶洶，大舉搶攻市場，很快就吃掉了統編本大半的江山。

接著，教育部在重重壓力下，又同意國民小學教科書自八十五學年度起全面逐年開放為審定本。自此，民間出版商無不摩拳擦掌，大肆爭食中小學教科書市場這一塊大餅。以此推算，九十四年學年要升學高中職的國三生，其參加國中基測時，就得面對民間所出版多種版本審定本教科書的考驗。

在統編、審定制爭論不休之際，筆者時為政府機構台灣書店的負責人（總經理），本身所代表的角色連帶變得十分敏感。事實上，就業務職掌言，台灣書店主要任務是負責中小學教科書的印製、配發與門市銷售，對於教科書採取何種編輯制度，乃教育部及國立編譯館之權責，非本書店所能置喙。然而，由於業務相關性高，以及筆者在國立政治大學教育研究所在職進修撰寫有關教科書供應之碩士論文的緣故，使筆者已不只一次被捲入教科書的編輯論戰中。

筆者曾涉及教科書的編輯論戰，值得一提的是：

（一）民國八十二年十月三十日上午十點，立法院周荃委員在立法院第十會議室召開「**標準本教科書何時了—談中小學教科書應否全面改為審定本**」公聽會，筆者被邀請參加。在會中，筆者依據自己的碩士論文研究所得，準備了一份書面資料提供與會者參閱。公聽會次日，各平面媒體均以顯著的標題報導此一新聞。事實上，這一場名為「公聽會」者，一點都不「公」，主持人擺明的態度就是企圖儘早「終結」統編的「標準本」，從公聽會之名稱「標準本（即指統編本）教科書何時了」中之「何時了」三個字，即可了然於胸。

（二）民國八十三年二月，國立新竹師院《教育心雜誌》創刊號「**尖峰對話**」專欄，訪問筆者和吾師國立政治大學黃炳煌教授，分別站在不同的立場，暢談教科書開不開放的議題。

（三）康和出版公司發行的《康橋雙月刊》第十二期，刊載國立台灣師範大學林玉体教授撰寫的「**開放教科書，不應再躊躇**」一文，文中抨擊筆者前在《教育心雜誌》上所發表的論點。

（四）此外，民國八十一年八月三日聯合報、八十三年七月廿四日民生報、八十四年一月十五日民生報，均曾刊登筆者對教科書編輯的看法。

有些人總是直覺地認為：公營事業單位台灣書店的負責人是「**統編本的前線指揮官**」（《教育心雜誌》，創刊號，民國八十三年二月出版，頁五一）。認為如筆者台灣書店總經理基於工作崗位、職務立場，無論如何都會力主維持統編制，支持保留部編的標準本。但這樣的看法並不正確，最明顯的例證是筆者的碩士論文建議部分，即建議將台灣書店改隸於國立編譯館之下，成為政府的公務單位。可見筆者並非一味地只營求台灣書店的生存而已。

對於教科書的編輯制度，筆者論點除秉持教育理念外，並講求客觀的證據。今天談論教科書編輯問題的人很多，但許多論點往往流於個人主觀的臆斷，像筆者一樣曾進行系統實證研究、深入探討並加以剖析者甚少。一般論者時而以政治民主的意識框套在教育的脖子上；時而又標榜教育的中立性，不容政治加以干預。事實上，**都使教育成了爭權奪利的工具，甚至成了選舉供桌上的祭品**。

對於中小學教科書的編輯，筆者的看法是：

（一）統編本教科書

1、**國家層級的教材仍是必需的**。今天，雖有聯合國、WTO等等國際組織之設，但是國家仍是當前最高，最重要的政治實體。今日教育強調本土化、世界觀，固然是對以往教科書不當意識型態的一種反動；然而，教育強調國家民族意識，變成「人人喊打」的「過街老鼠」，也是台灣當前教育倍受政治掣肘的怪現象。民主如美國英國，其中小學教育亦不至於如此。要矯枉，但不要過正，一再揚棄國家層次的教育材料，也許不是問題的解決，而是另一種災難的伏筆。

2、筆者堅決反對執政當局（政府）為特定政治團體或人物一己之私的目的編輯教科書，進行威權教育，或搞造神運動；但筆者也堅信為國家民族整體利益所進行的教育是需要的，是應該的。而達成此目的的最佳作法，就是要有一些一定的教材，因此在中小學階段，部分學科的教科書採行統編本有其必要，尤其在台灣這一個小島上。

3、筆者認為統編本教科書固然有其缺失，然而若干缺失是可以解決，可以改善的。而統編本教科書的若干缺失，即令採行審定制出產的審定本，一樣也會產生相同的問題。

4、依據國立編譯館組織條例規定，編譯與審查教科書為其重要業務之一。在法令未修改前，國立編譯館若輕易棄守統編本教科書之編輯與審定本之審查，或是教育部逕以行政命令責付具有行政區域色彩之地方政府接辦此項應由國立編譯館辦理的業務，其適法性值得斟酌。如果以國家教育研院負責審查作業，因其亦在進行研發實驗教材，又會令人有「球員兼裁判」之疑慮；而且，將比由國立編譯館分別成立各科審查委員會負責審查作業有更多的困擾。再者，各學科領域之學者專家可以投入審查陣容已不多了，因為這些學者專家大部分已被民間審定本各出版商加以網羅，自不能擔任教科書的審查任務。

（二）審定本教科書

筆者認為教科書審定制的立論基礎、假設、實際運作等，存在著相當多值得探討的問題：

1、教材內容多元化難以達成，書價又高

審定本一再宣稱可以達到的「**教材多元化**」，事實上僅能達到「**教科書選擇多元化**」，對於教材內容多元化尚有一段距離。且審定本的內容脫胎自統編本，與原先開放的目的並不相符；相對於原來被民間抨擊「**只此一家，別無分號**」的統編本，改變的不過是販售的管道、市場的版圖，並非教材實質的內容。再者只要某一縣市以選用同一個版本統一「聯合議價」，以抑制審定本教科書價格，或某一學校統一選用了某一個版本的教科書，就一定還是「**只此一家**」的局面（民國八十一年八月三日，聯合報）。至於開放後大吃小、強凌弱，逐漸形成市場獨佔的局面，更將使審定本儼然變成為「**民間統編本**」，距離當初開放的理想更為遙遠。「**政府統編本**」，不可；「**民間統編本**」，就可。道理何在？而政府統編本之編輯作業，其投入之人力與財力，遠非民間審定本所能企及，供應到市場之售價又比民間版便宜。

2、適應地方性需求難以達成

審定本教科書，也一再宣稱可以適應地方的差異性，但出版商為求拓展市場，行銷遍及全台灣地區，且不會僅僅針對某一個縣市或某一所學校而編輯，又豈能達成適應地方差異性需求的假設？

況且，台灣地區教科書真有適應地方「差異」的必要嗎？對此，前國立屏東師範學院何福田院長（民八四）即指出：台灣地區幅員不大，南北相差有限，對「**因地制宜**」的需求，不像比我們大二百六十倍的美國那樣急切，所以各種版本的教科書，其同質性應該還是很高。可見在台灣，適應地方差異的需求並不必然存在，何況由於交通便捷，地理上幅員的概念已大為縮小。論者更有以中國大陸之例相質，殊不知大陸在共產制度下，其中一個版本使用的學生、使用的幅員，比台灣地區唯一的「統編本」就要多得多、大得大。再說，教科書的選用握在教師手中，即使有各地方差異而編輯的教科書，但偏遠地區教師有權不選擇比較簡略或較適應該地區學生的教材，教師仍可選用都會區的教材，以提升偏遠地區學生亦具有都會地區學生的競爭力。

3、競爭可刺激進步，但須看競爭的內容是什麼

部分論者認為開放教科書為審定制，將可因市場開放促使業者之間自由競爭，進而促使教科書品質大幅提昇。然而，以競爭刺激進步的說法，尚須看競爭的主題重點是什麼？如果競爭的是「**內容品質**」，則是；如果競爭的只是「**行銷手法**」，則否。而事實證明，民間審定本教科書所作的努力，行銷手法高於內容品質（民國八十一年八月三日，聯合報）。如此，如何期待以競爭來刺激內容品質的進步，反而會令人擔心在惡性競爭下引發教育風氣的敗壞。再者，市場一旦被壟斷，獨大的民間審定本化身為「**民間統編本**」，即無競爭對象存在，一如政府之統編本。但政府統編本須直接面對民意機構的監督，「民間統編本」則無。

4、技術性問題應予重現

在現行教育體制下，理念倡導與技術問題應同時被考慮。升學考試制度、教師調校、學生轉學、選用弊端等技術性問題，都與教科書之編輯與發行供應息息相關，都不應被刻意漠視。

5、審定本教科書品質仍待評估

審定本教科書的編輯品質真的那麼好嗎？雖然此一問題尚無系統實證的研究，但筆者認為：統編本教科書發行前嚴謹繁複的編輯及試用程序等，豈是民間出版商所能望其項背？前國立屏東師範學院何福田院長（民八四）即明白指出：「書店老闆肯不肯先花錢像國立編譯館那樣，邀請二、三十位專家學者、任課教師等等，聚而編寫某一科教科書，再拿到學校去實驗修訂（有沒有學校肯給民間出版商試用？）然後再送審，冒萬一通不過，前功盡棄之險？……書店老闆只請一兩人憑其學問撰寫，未經試用、無從修訂，即行送審，一經通過便可獲利。**這樣的『審定本』，欲其品質高過『統編本』，令人難以置信。**」

又審定本的印刷精美，包裝討喜，不代表教材內容亦可取；行銷能力強，更不意味品質好。印刷精美、圖文並茂的教科書固能引起兒童閱讀的興趣，但「**取悅學生**」並非教育的目的，其應用亦應限於較低年級的學生，較高年級學生的教科書不宜再標榜印刷精美，否則將可能造成學生文字閱讀能力低落，影響未來接受學術性書籍的能力，此亦不可不察。

再者，審定本一下子能吃下大片市場，並且只是少數幾家的「戰果」，其行銷手法絕對是重要的因素。而負責統編本教科書配發的台灣書店乃公營事業單位，不能、也沒有實力與民間書商以機動性的行銷手腕去搶攻市場，其相對弱勢可以想見。然而，這絕不表示統編本教科書的內容品質，就比民間的審定本為差。

6、審定本教科書選用制度尚難以周全防弊

審定本教科書競銷的結果，勢必造成許多選購上的流弊。民國八十年間高職校長涉嫌受賄案令人記憶猶新，同樣的問題難保不會再發生在其他各級各類的學校。政府教育行政機關針對審定本教科書選用所訂的一些法令，事實上僅能防君子，難以防小人，教科書選用難有客觀公信之規準，法令再如何嚴密，有意舞弊者，依然可以造出

「合法」、「完美」的教科書選用紀錄，令人防不勝防。

大膽一點說，若干民意代表，或學者專家，甚至政府官員，曾直接間接和民間審定本教科書出版業者過從甚密，不得不讓人產生一些不好聯想。

7、審定本出版商營運穩定性尚待觀察

幾年前，必成補習班驚傳財務危機，宣告倒閉。必成補習班乃補教界佼佼者，規模龐大，學生上萬，每期盈收在數億元左右，但也有周轉不靈的一天。回頭看看今天審定本教科書出版商，其財力基礎、營運能力又如何，都令我們不得不擔憂類似必成補習班的情況上演。萬一也發生了營運危機，而該版本教科書已撐起「民間統編本」之大旗，在市場上有極大之發行量，一旦不幸崩盤，則萬千師生教學上之權益，又靠誰來加以保障？

（三）綜合的觀點

1、同一把量尺下的複製品

在審定制的架構下，審定本各科教科書仍須依據課程綱要來編寫，而且尚須通過特定的機構審查。換言之，各版本審定本教科書仍是在同一把量尺的規範之下編寫而成，民間出版商在教材內容上所能發揮的空間，事實上並不寬闊，因此，在審定制下眾多版本的教科書將「**長得很像**」。這也是官方一再表示讀好一個版本，即可應付國中基本學力測驗的理由。更甚者，對於一般具有爭議性的問題，例如意識型態、統獨問題、歷史事件等，出版商為求通過教科書審查，以期教科書能儘快上市行銷，避免投下的鉅額資本落得血本無歸，勢必會以較為保守的心態編寫，而與「**官方窠臼**」自是相去不遠，如此與統編本又有什麼差別呢？

2、開放與否應視科目而定

部分民意代表及民間教科書出版商一再要求教科書「**全面開放**」，並不考慮不同科目的教科書，有無開放的必要性差異。事實上，筆者所作的實證調查發現，受試者對於不同科目教科書應否開放，抱持著相當不同的看法。所以，這種「**包裹式**」全面開放的主張，是不負責任的作法。

3、民意又何在

鼓吹教科書全面開放為審定制，有相當成分是媒體追逐議題以及意見壟斷造成的假象。鼓吹倡言者，多為特定的民意代表、學者專家及民間出版商。事實上，**根據筆者所進行的實證研究發現，多數受試者贊成採行「部分科目統編、部分科目審定」的「統編審定併行制」；應否「全面開放」仍存相當的爭議。部分論者斷然高唱全面開放，似未真正體察民意。**事實上，在全面開放後，部分科目審訂本供應已出了問題，政府又得在**另一種聲音下，恢復部分科目統編本的「編輯」**，「印行」工作，則須由政府自己或委託民間去做，因為「台灣書店」已於民國九十二年底裁撤關門了。筆者的碩士論文，不同受試者對理想教科書編輯制度，有高達百分之四十六點一贊成「**統審併行制**」（見表三），**終將得到證明。**

表一 贊成開放民間編輯之科目意見反應百分比 單位 %

科目	贊成	反對
藝能類科	93.8	6.2
活動類科	86.7	13.3
自然類科	51.8	48.2
社會類科	47.7	52.3
語文類科	41.7	58.3
數學類科	40.9	59.1

解釋：贊成開放民間編輯之科目依序為藝能、活動、自然、社會、語文、數學類科教科書。反之，即為不贊成開放之順序。

表二 不同受試者對贊成開發民間編輯之類科意見反應調查表 單位 %

受試／類科	語文	數學	自然	社會	藝能	活動
國小教職員	24.2	2.15	42.1	43.9	92.5	80.4
國中教職員	48.9	52.2	55.4	50.0	95.7	90.2
高中教職員	59.0	41.0	53.8	48.7	97.4	94.9
高職教職員	51.3	61.5	71.8	69.2	92.3	84.6
國立編譯館	63.6	81.8	72.7	36.4	100.0	100.0
民間出版社	40.0	35.0	35.0	25.0	70.0	65.0

解釋：不同受試者對活動、藝能、自然、數學這四類科教科書較為贊成開放。

表三 不同受試者對理想教科書編輯制度反應百分比 單位%

受試／編輯制度	統編	審定A	審定B	統審併行	自由
教育行政人員	5.6	5.6	33.3	50.0	5.6
國小教職員	14.0	9.3	28.0	47.7	0.9
國中教職員	5.4	16.3	37.0	38.00	3.3
高中教職員	5.1	20.5	30.8	43.6	0
高職教職員	15.4	17.9	33.3	28.2	5.1
國立編譯館	0	9.1	27.3	63.6	0
教師研習會	0	5.9	23.5	70.6	0
台灣書店	25.0	0	0	75.0	0
教科書聯供處	16.7	0	0	83.3	0
民間出版社	40.0	10.0	5.0	40.0	5.0
全體	11.7	12.2	27.9	46.1	2.2

解釋：不同受試者認為理想的教科書編輯制度依序為：1.統審併行制（佔46.1%） 2.審定制B（佔27.9%） 3.審定制A（佔12.2%） 4.統編制（佔11.7%）。 又民間出版社對統編制與統審併行制各佔40.0%贊成，遠比贊成審定制A（佔10.0%）審定制B（佔5.0%）高出甚多，此與部分立委在國會大聲疾呼全面開放教科書有顯著差距。

4、要對症才下藥

由筆者的研究證實，今日教科書最大的問題不在於「統」「審」之「編輯制度」，而是在於「**內容選材**」。因此，針對教科書的內容選材來改革，遠比爭論教科書應否全面開放為審定制更為重要、也更有意義。

國立編譯館若能擴充其組織編制，聘任專職的編輯及審查人員，擴大任課教師的參與，同時注意價值多元問題，往系列性的「套書」發展，並加強修訂、實驗、試用，暢達溝通管道，縮短編輯時程等，則在現有制度下，一樣可以編輯出理想的統編本教科書。要注意的是，負責編輯的人與擔任審查的人不能是同樣的人選。否則自編又自審，如何昭信於國人？如「統編本」與「審定本」在發行前，均送由一個客觀超然的審查單位負責審查，則「公」或「民」誰編得好，自可分曉。

今日爭議的價值多元、適應地方性的需求等問題，並不一定是要將教科書全面開放為審定本始可達成，甚至開放了也照樣辦不到。課程綱要如果能適度留下部分的「空白」，所謂「**課程留白**」，留下一些彈性的空間，讓各地區學校依其實際需要安排適當的課程，或由教師自編適當的教材，於教學效果言，絕對比採用任何一個版本的審定教科書來得切實有效。因此，課程綱要的改革鬆綁，才是教科書開放的第一步。否則談教科書開放，就會令人只想到民間出版商投入教科書的市場，而「課程綱要」這把又厚又長的尺，依然是頑強地標準化的存在，教科書開放的意義何在？

俗語說，一樣的米養出百樣的人，但為何統編本教科書（一樣的米）被批評會教育出思想僵化的學生（只能養出一樣的學生）？教科書的詮釋、轉介者是教師，同一本教科書在懂得活用的教師教學下，可呈現不同的風貌，達到多元、適應的目的。老教育家劉真教授針對活用教科書即曾指出：「**大凡有理想有熱忱的教師，一定都會適時適地配合教學的情境，補充適當的教材，以引發學生學習的興趣，充實教學的內容。**」所以教師不知、不會、不能活用教科書，即使有再多的審定本教科書呈現眼前，一樣會教出思想僵化的學生。因此，從教師的教學準備、教學技巧著手，比爭論開放與否更有價值。弔詭的是，今天在國會殿堂上，侈言開放狀似諤諤的代議士，並沒有因當年接受的是統編本教科書的教育而思想僵化呢？

5、開放編輯另一個面向的思考

今天中小學教科書，既已朝向全面開放為審定本的方向發展；則開放編輯的途徑，筆者認為要有更多面向的思考。它固然可以像現在毫無篩選任由民間編輯，再由政府（或政府授權的單位）透過審查程序加以監督；但更可以由政府對想參與教科書編輯的民間業者，先行篩選，合格者才可以讓其進行編輯，並由政府繼續監督審查。

目前一提起教科開放民間參與，就會直接導向編輯與發行全一手包辦的思考；其他一種或多種可能採行的更佳途徑，並沒有獲得同等被考慮的機會。

所以筆者認為，教科書開放民間參與，為提高編輯品質，政府可以仿效公共建築的「競圖」制度，讓有意參與某科教科書編輯的出版商，各自提出其周詳之「編輯企畫」，再由政府組成之委員會嚴加評比，審慎把關，選出最佳之第一名，使之取得某科目「編輯」及「發行」權。各學科編輯企畫案未獲採用之第二、三名出版商，則頒發獎金鼓勵；或不分名次，僅規範入圍之前幾家始可進行編輯各該學科教科書，並於編輯完成再送審定合格後始可印行上市。

而編輯印行應訂年限，並受課程綱要修訂之限制。屆時再重行「競圖」，使未獲編輯發行權者，有再提出企畫案之機會，以刺激編印水準之進步。總之，政府對編輯階段，要相當程度介入並重金獎勵；對編輯合格後之印製發行，則可採較為寬鬆的由市場機制去運作。

此種以「競圖」方式決定民間編輯教科書的評比制度，尚宜限制一家出版商參與之科目數量，以健全營運規模，使取得編輯印行權之出版商，可以更加專精於各特定科目教科書之研發，亦可以此避免在市場機制操弄下形成一家獨大、壟斷市場、或一旦經營不善造成崩盤等流弊。

總而言之，統編本教科書並非全然是惡，它固然有缺點，但絕對亦有其正面價值；審定本教科書固然有優點，也並非萬能，但毋庸置疑的，其主張的許多假設並不成立，同時亦已出現一些弊端。所以，開放審定制不必然可被視為「理所當然」，若干待辯證的問題，仍須一一釐清，方不致因決策偏差，影響眾多學子教育的發展。

「開放」是一個美麗的符號，「全面開放」更是一個動人的名詞，但它常讓我們看不清楚問題的「真相」；「開放」固是今日世界的潮流，但也不是能「放諸四海而皆準」。教育不能忽略學生，教育也不能置國家、社會於一旁，我們更不願看到教科書開放編輯印行，淪為私人利益的分贓，變成民間書商爭相搶食的大餅。

筆者認為，**政府有責任以公權力保障國家長遠的發展與全民真正的福祉**；而不是隨著人云亦云的「開放」，及被扭曲、被操控的「民意」翩翩起舞。不幸的是，「**全面開放**」已是政府正在推行的政策，只是，才不到幾年工夫，利未見，而弊已顯，這是對教改的諷刺，也是我們不幸得到的教訓。

至於造成眾多學生及家長老師困擾的「**一綱多本**」，就是以教育部的「**一個課程綱要**」，由多家民間廠商根據此一綱要，研發出版的「**很多個長得很像的教科書版本**」。**問題即出在「很像」，卻不是「全像」，因為全像就是原來的「統編本」了。**

明（九十四）年，就將有三十多萬的國三生要參加九年一貫「一綱多本」，新課程的基本學力測驗，雖然教育部宣稱「**熟讀一個版本，只要習得基本能力**」就可以應付，但面對各種版本，同樣的教學單元，由於版本不同，編輯順序可能排在不同冊別，學生若轉學到使用不同版本的學校，可能會因單元順序不同而重複學習，或錯過學習而造成的「**學習斷層**」，學生及家長，對官方說法的質疑，不是沒有道理。今天，在一綱多本的教育模式下，學生的升學準備，面臨「**由簡入繁**」最嚴苛的考驗，形容明年（九十四）的國三學生為「**教育實驗的白老鼠**」，也不為過。

當今，台灣教育，在競爭進入頂尖名校的的風氣下，為了考高分，只有多讀幾個版本才能放心，然而龐大的讀書量，絕不是年紀這麼小的孩子所能負荷。原來只是少數幾個版本的統編本教科書，在全面開放「一綱多本」後，變成市場上上百個之多的版本，學生面對數量更多，內容更複雜的書山書海，其如何包山包海統統讀完？如何好學樂

台北市重慶南路台灣書店門市老店面

學？教育改革所期待於學生的「**快樂學習**」，又如何能實現？

對「**學習斷層**」，如何診斷，如何進行補救教學，如何縮小城鄉差距？如何減低校際教學差距？在在已造成了明年（九十四）考生及家長嚴重的恐慌。

如今，距離明年基測雖還有半年多之久，但民間業者已經大肆舉辦診斷學習斷層的全國大會考，藉以掃描學習斷層所在，找出應變之道。此雖為民間所辦，但不放心之學生必定也不少，只為了在正式基測前有更周全的準備。這樣下去，國中生為了要上心目中理想的高中，進入補習班補習將更嚴重、更泛濫。而窮人家的孩子，和偏遠地區的學生又該怎麼辦？

改建後新的台灣書店門市部

當第一線教學現場的師生，仍停滯在「教材」上打轉，致學生未能習得基本「能力」。「能力」與「教材」兩者間的

落差，才是癥結所在。教育部一再說熟讀一個版本，當是指學生在任何一版本中要能夠習得基本的能力，而不只是教材的記誦演算而已。否則面對升學又非基本學測不可，那麼因為全面開放的政策，造成坊間這麼多個「**大同小異**」的版本，意義又何在？

基測在輿論壓力下，為了力求公平，其出題範圍，將被要求侷限於各版本「大同」的共同部分，而把各版本「小異」的差異部分排除。國中或補習班之教學，鑑於必須面對的基測，也必將在高百分比的「大同」部分去填鴨，而放棄了「小異」部分的學習。然而，每一個版本「小異」的教材，卻是構成該版本教材完整而又具有特色的重要環節。教材一旦被撕裂成各版本的核心共同部分要考，各版本的差異部分不考，則各家審定本豈不成了形式的存在？再者，對聽從教育部指導只熟讀一版本教材的學生言，在不知「大同」的共同部分為何時，其對「小異」部分所付出的時間心力，將使其應試力與專攻「大同」部分的學生相對減弱。但就提升教學品質言，獨立之各版本教材，其與別家版本之共同或差異部分，無分軒輊，均應施教，這才是完整的教學。可是，不幸卻會被經由基測隨之而來的不正常教學所扭曲。又再者，在開放市場下，各家審定本，本來就應該在實現正常教學及基測命題不受限於共同部分下，接受教學現場與基測命題的檢驗，汰劣存優，建立進退場機制，豈能在得到出版許可即永存於市場？若如此，學校對審定本之選擇也將毫無意義。今各家版本的差異部分，一旦形同虛列，則與未開放前之易於實現完整教學，也無所謂差異部分的一個版本的部編本（或只有一家的審定本），孰優孰劣？當可立判。

針對教育的嚴謹性，教科書的販售市場應該開放，但編輯教科書資格條件，則應有所限制，且教科書的「**編輯**」與市場的「**發行**」宜採分離政策，各有專擅，使編得好的教材才得以發行上市，如此中小學教科書版本就不至於像目前這麼浮濫，多得令學校無所適從、難以選擇；甚至選擇了也無實質上的意義。

所謂「**一綱多本**」，筆者也試著做這樣的解讀，**那就是統編制下一個版本教科書的參考書化**。現在一個科目教科書的多種版本，不就像過去根據課程標準編輯統編本教科書後，坊間各書商再根據此統編本所出版的參考書嗎？今天審定本教科書出版商，大多數是原來參考書的書商，原因也在此。

教改、教改，改到這步田地，學子負擔加重，痛苦加深，歡笑遠颺，願景不見，迷思重重，真不知何時能解？筆者衷心期待今天的中小學生，課業再減輕，書包再減重，真的能夠快快樂樂學習；而面對未來，卻又有更高的自信心和競爭力。

至於唯一由政府經營的台灣書店，自台灣光復迄今，服務台灣地區中小學已逾半世紀之久，卻在中小學教科書全面開放且轉型民營化未能成功下予以裁撤；書店所遺館舍及土地，但見有司一一搶食，而基層勞工，則四處閒散，真是情何以堪？台灣書店行走在時代的變遷中，從我們印象中政府的中小學教科書的書店，使之蛻變為**「國家書店」**，直隸教育部，扮演各級各類政府出版品發行交流的平台，並成為供應政府及民間各家版本中小學教科書、青少年及幼兒讀物的總匯，以提供學術研究之便，並服務全國中小學學生及家長，宜屬可行之策。今這家對台灣教育曾有過重大貢獻，且是唯一由政府經營的書店，竟在中小學教科書全面開放下，未能給予一個轉圜的餘地，就這樣子關了門，其得與失，也有待歷史檢驗。

半個多世紀來，台灣書店就像是一個分享智識的巨人，為台灣學子創造了無數成長的故事。今天，台灣政經建設有成，教育應居首功，而台灣書店更扮演了重要的角色。筆者曾服務此書店達七年半之久，見其熄燈打烊，情固不捨，但裁撤之理實未見其周延。念及書店今昔點滴，每令筆者有不能已於言者而徒呼負負。

十三 醫病倫理VS生命教育

在《西藏生死書》中有一段這樣的記載：「我們大多數人都是這麼醉生夢死的，依循既有的模式活著：年輕時候接受教育，然後找個工作，結婚生子；我們買個房子，在事業上力爭上游，夢想有個鄉間別墅或第二部車子。假日我們和朋友出遊，然後，我們準備退休。有些人所面臨的最大煩惱，居然是下次去那裡度假。……整個生活步調如此緊張，完全沒有時間想到死亡。為了擁有更多的財富，我們拚命追求享受，最後淪為它的奴隸，只為掩飾我們對於無常的恐懼。」（《西藏生死書》，三三頁）

在中譯本的《人生的四大秘密》一書中也有這樣一段：「在我們的心靈深處，每個人需要愛的程度比其他任何事都來得多，只是我們都忘了。我們汲汲於追求其他的目標，譬如事業、金錢和財富，我們專注地追逐休閒、娛樂，而忘記了生命中更重要的事。」（《人生的四大秘密》，二一一頁）。

有接近死亡的體認，使我們能夠真實地過生活；遺忘生死則使我們的生命顛倒。因為遺忘生死，人就會陷於無明的忙碌中，忽略了生命中真正重要的東西。捨本逐末，缺乏共享的胸襟，只在競逐於一己擁有的私慾上，以至得不到真實的生活，呈現在社會上的只是膚淺近利、爭功求名。

身為一個醫護人員，對於自己，對於病患，必須體悟生命的意義、價值與尊嚴；必須瞭解生死乃互相發明，要怎麼死，就必須先怎麼生；必須知道要「死而無憾」，先要做到「生而無悔」；必須參透生死的奧秘，方能優游於人生的道場。

這是時時刻刻面對病患的醫護人員應有的素養。但是，今天我們的醫護教育，知識技術的傳授，遠遠超過對「生命教育」的探討，也就碰觸不到生命本質的深處。為了擁有更多財富，眼睛也就容易被「新台幣」所矇蔽。

當一個病人進了醫院，感到自己就像一隻白老鼠，對自己身為「人」的意義價值起了質疑；或覺得自己不過是醫護人員眼中一個不起眼的「Case」，沒有被當做是「人」的對待時，這就是醫護人員的「**生命教育**」不及格。

一九四八年世界醫學協會在日內瓦舉行大會所採用的〈**醫師就職宣言**〉，內容為：「**准許我進入醫業時：我鄭重地保證自己要奉獻一切為人類服務。**

我將要給我的師長應有的崇敬及感戴；

我將要憑我的良心和尊嚴從事醫業；

病人的健康應為我首要的顧念；

我將要盡我的力量維護醫業的榮譽和高尚的傳統；

我的同業應視為我的同胞；

我將不容許有任何宗教、國籍、種族、政見或地位的考慮，介乎我的職責和病人之間；

我將要最高地維護人的生命，自從受胎時起；

即使在威脅之下，我將不運用我的醫業知識去違反人道。

我鄭重地、自主地並且以我的人格宣誓以上的約言。」

這真是一份高貴、平等，充滿尊重與人性光輝的宣言。但是，如果一個醫師，不能經由自我深沈的體悟，並力行實踐，再偉大的宣言，亦不過像學校的訓輔條文，只是寫在紙上，無法寫在學生的心上；就像〈禮運大同篇〉永遠鐫在牆壁上，而久久未見其實現。

「首相先生，我們的鳥兒就快要死了，請您想想辦法吧！」這是一個英國小女孩寫給邱吉爾的信，目前仍珍藏在英國的博物館中。

生命教育，就是要教養出許許多多具有像這一個英國小女孩，這樣柔軟心腸的孩子；生命教育就是大人世界也要學會並尊重小孩的慈悲心、憐憫情。

對醫護人員的推崇

「台大醫院」於1895年建院時，名為「大日本台灣病院」

醫護人員，面對病患的病痛生死，有好醫技，更有好醫德，自是備受推崇，享有高待遇的「社經地位」，讚頌之聲，不絕於耳。諸如「華佗再世」、「懸壺濟世」、「妙手回春」、「骨科聖手」、「視病猶親」、「痌瘝在抱」、「術擅歧黃」、「神針妙灸」、「仁心仁術」、「醫人醫國醫世」等等。

對醫護人員的鄙視

如醫護人員術既不精，品又不高，除了會造成病患生命財產的損失；也將使自己被社會所唾棄，令人不屑鄙夷，嗤之以鼻，責之曰：「庸醫誤人」、「草菅人命」、「蒙古大夫」、「赤腳仙仔」等。

醫病關係之建立

良好的醫病關係，希望能建立在：

一、是對應，不是對立

二、是必須，不是供需
三、是信賴，不是依賴
四、是平等，不是高低
五、是合作，不是對抗
六、是尊重，不是指使
七、是溝通，不是築牆
八、是雙贏，不是雙輸
九、**是「人」對「人」的關懷；不是「技」與「錢」的交換。**

醫護人員對生命教育的學習

（一）生命教育的重要性

1、尊重生而為「人」的主體性價值

瞭解每一個體，每一個生命都是「獨一無二」，「無可取代」，必須讓每一病患都得到以「人」對待的尊重。

2、**尊重生命發展潛能**

(1)生命存在的本身就有意義，就有價值。

「**要把書讀到生命的盡頭！**」當一個可以預知將不久於人世的青年人說出這句話時，其對生命的豪情，委實令人動容。

(2)活著真好！「**有呼吸，就有希望！**」

3、生命中「**負面經驗**」是必然的存在

(1)挫折，是修身的契機，是轉折的開始。

(2)危機，是人世的磨練，是轉機的來臨。

(3)撥雲見日，陰霾終將過去！

4、我們需要更富人性化的醫學教育，我們需要更富人性化的醫師，我們需要有更多的醫護人員得到「醫療奉獻獎」，因為他們真正把醫師的就職宣言寫在心上，並以具體的行動實踐自己的承諾。

(二)生命教育的內涵

1、尊重

(1)子曰：「君子和而不同，小人同而不和。」

和—相互尊重，彼此調整。

同—表同裏異，口蜜腹劍。

(2)角度（觀點）

從不同的角度切入，會產生不同的思維，勿做「井底蛙」，**要相信一切現象的存在有其諸多的可能，勿武斷而挫生機，勿專擅而失周全。**

2、潛在的課程

指導者（長官、教授）的生命觀與道德修為對被指導者（部屬、學生）而言，就是最好的最重要的教育課程。指導者本身以身作則、躬行實踐，對被指導者是一門永遠上不完的必修課。

3、「**嗜慾深者天機淺**」，一個缺乏生命智慧自覺的人，就會陷在生命的無明，及各種生命的困境中。而只有超越無明，才能建立起生命的自覺。

4、**生命教育是身、心、靈合一的全人格教育**。

5、生命教育告訴我們不能遺忘生死，並強調生命的終極關懷，方能悲智雙運、福慧同修，開拓幸福的人生。

以「人」為主體的醫病關係，我的建議是：

（一）對醫療行政人員

您有相當高的醫療決策權，對經費預算的爭取，對建立更具人性化的醫療體系，加強醫事人員養成教育，改善醫療環境、充實醫療設備、提升醫療品質等，都是您的責任。是否提供輪椅病患行進的方便？是否使急診室、病房的環境，成為最好的診治、休養之所？掛號看病，每天一大早要以各種東西擺在地上佔位排隊，甚至前一天晚上就在醫院門口地上留下要掛號佔位的東西，不但狀至不雅，且情何以堪。動動腦筋，藉助機具設備，都可迎刃而解，就不必在地上擺滿要掛號佔位子的東西。

（二）**對醫學教授**

您應罄爾所學，傾囊相授，使您的學生學得更博、學得更精，不但理論的灌輸，臨床醫技的操作，在在都不可輕忽；然而，最最重要的一課，是激發出學生有尊重病人的愛心，有悲天憫人的情懷，並尊敬您的教導。

（三）**對醫生**

不要讓權威成為掩飾您無能的面具，您要不斷研究精進，因為您面對的就是寶貴的生命。您更要知道病人奉您為神明，您的一言一語，一舉一動，對患者都在釋放著重要的訊息，有強烈的意義。所謂「**視病猶親**」，您必須將患者的病痛，看成是自己親人或自己的病痛。給患者一個真正關懷的眼神，伸出您溫暖的手，說一句鼓舞的話，病人往往就會站了起來。

醫療技術高明是應該的，但付出一份真誠的關懷，對患者來說，更會是最大的支持與期待。

功業彪炳的帝王將相，到了您面前，也只能唯您之言是聽，唯您之計是從；可是您千萬別以為在醫病之間掌控了優勢而膨脹自己。再者，每一個病患的生命，都一律平等，一樣珍貴，您應一體同悲，公平對待。販夫走卒的健康生命，與帝王將相、高官巨賈，在您如秤的心上，在您慈悲之手下，應得到同樣的對待。

醫技有極限，愛心卻無限。

國內西醫對病患之症狀、處方，在病歷表上大都以英文記載，其中症狀如能改以中文記錄，並視病情需要，決定是否提供病患閱看，當可大幅縮短「醫」、「病」間之距離。您若採此變革措施，或將有更多病患掛您的號，希望得到您的診治。當然，如病歷表成為研究的工具，而英文又為國際共通語文，且書寫快捷，則以上所提病歷記載中文化，則尚待斟酌。

您的責任是醫「生」，不是醫「死」；但您會醫「生」，也會醫「死」。所以醫療前、中、後，每一環節都必須尊重生命，小心謹慎。對醫死者，必須視「死」如視「生」，待之為「人」亡。

(四)**對護理人員（包括看護工）**

您千萬不要看輕您的工作，病患的呻吟，不要視若無睹，不要聽而不聞。因為您周到細膩的護理，可使醫生的治療發揮最高的效果。打針、送藥，進行各種測量檢查，其病歷表和病患是否相符，要核對清楚，不可鬧了張冠李戴的大紕漏。

也許病患的尿屎沾污了您，一身的惡臭令您掩鼻，但病患都是不得已啊！病患何嘗願意這樣麻煩人家。病人的嘮叨，有時也會有護理上的參考價值，所謂久病成醫，何妨聽一聽，做成紀錄，供醫生參考。

(五)對病患

不幸罹病到醫院看診或住院，您對醫護人應多加尊重，給予信任，力求配合，不論是醫生或護理人員，他以專業知識和技術為您服務，固為其職責，但他們都經歷了長時間的養成教育和專業訓練，特別是醫生，在大學聯考中能夠獲得錄取已是佼佼者，而又受嚴格的教育和臨床實習，要當上醫生可不是那麼容易。何況您的健康甚至生命，還操在醫護人員手裡。而對自己的家屬，尤其家屬在上班的，往返探病之不便，應多所體諒，不要一味苛責求全，不要一生病就我最大，大家都要聽我的。

(六)對病患的家屬

家中一有親人生病住院了，勢必把原來家居的生活弄得一蹋糊塗，步調大亂。病人雖在病痛中，卻也最多心，時時疑神疑鬼，反應敏感，因為他的健康、生命正受到病痛折磨，倍感威脅，所以病人內心世界較為空虛、無助。總害怕親人不在身旁陪伴。因此，除非不得已請看護外，家屬要儘量負起親侍湯藥、梳洗照顧之責，因為**「親情」就是最好的治療劑**。

家屬有時也會受到病人不合情、不合理的對待，而有放棄照顧或降低照顧品質的念頭，此念頭應趕快打消，一切要多加隱忍，當然這是很苦的，所以也才會有**「久病無孝子」**之嘆這句話。

而病患家屬對醫生，特別是在「手術」前後，不要有前恭後倨的嘴臉。手術成功，醫護人員的辛苦，得到家屬說聲「謝謝」也是理所當然；萬一不幸失敗，家屬也須諒解。

(七)對探病者

要以病患或其至親家屬與您的關係厚薄、交情深淺決定探病與否。減少因為病患或其家屬的社經地位，對您前途可能產生的影響，成為您去與不去的理由。

偏偏今天的社會，假關懷之名，圖功利之實的探病行徑，絡繹於途，充斥在各大醫院。且看若有某要人、名人住院，或某要人、名人之親屬住院，各界人士所送花籃，每每從病房裡頭排滿到病房外頭，花海一片，一片花海。病房內外，訪客出出入入，病患既不得安寧，家屬迎來送往也夠累，但探病者的目的，卻往往只是讓病患或病患的家屬看一看，知道「我來啦」，實為本末倒置。今社會淳樸敦厚之風淪落至此，每次在醫院目睹此場景，真不知如何以言？

(八)**對醫院的義（志）工**

穿梭在各大醫院之「志工」或「義工」，你們犧牲服務的精神的確偉大，也令人敬佩；但你們不要以做這樣的服務，成為你們博得美名的裝飾，您更要回頭看看自己是否也有親人也躺在家中或別家的醫院，正需要得到您的照顧和服務。

由以上的建議，可以發現要提高醫療品質，「**醫病倫理**」的建立是一個重要的指標。而這些倫理，大多是構築在醫病或醫病之間對生命尊重的精神層面上；換言之，醫病雙方以及圍繞在醫病之間的制度及家屬等，彼此互動的愛心，尊重、信賴、寬容、體諒等等，都是今天我們要努力去思考並積極去學習的課程。

結論

(一)會醫「生」，也會醫「死」。生是必然，死也是必然。「生」有感動，「死」會有痛。

1、蘇格拉底：「**在死亡的門前，我們要思量的不是生命的空虛，而是它的重要性。**」

2、富蘭克林：「**人為生而生活，不是為生活而生。**」

(二)術—醫技：要做理性的判斷與專業的堅持。

心—醫德：要有柔軟的心，要有感動的心，要能感同身受。

(三)愛惜自己—醫護人員要與自己和好，肯定自己，愛惜自己。

疼惜別人—要與他人和好，與家人和好。與同業和好，與病患及病患的家屬和好。

珍惜萬物—要與大自然和好，知道敬天謝地，瞭解生命的根源，了悟生命的歸宿。

（四）英國有一句名言：「**懂得為別人流淚的，就不會有太多的眼淚為自己而流**。」視病猶親，醫護人員要有理性的醫技，感性的情懷。時刻記住自己和病患都是「人」。

（五）待人如人，待人如己—要把病患當人看，對待病人就像對待親人、對待自己。

（六）**人活在親密關係中：**

1、體認親密關係對生命的重要，並讓它成為醫療上的一帖良方。

2、「**作為醫師、律師或企業領袖的職責儘管重要，但你首先仍是一個人。人與人的關係—配偶、子女和朋友，是你最重要的投資。在你生命的盡頭，你不會後悔沒有通過某項考試，沒有贏得某個案子，或者沒有做成某件生意。但你會遺憾沒有花時間陪伴丈夫、孩子、朋友或父母。**」（美國老布希總統夫人—芭芭拉布希）

輯二

點點滴滴無限情

美麗的耕心亭

一　耕心亭記

有亭名耕心，座落中壢高商校園之西，位圖書館與和平樓間，亭址原為雜草叢生、廢物堆棄之地。三年前，余籌得經費，即鳩工庀材規劃籌建。除開闢一魚池，並於池畔興築此亭，亭底泰半懸空池下。跨池至亭，銜以小橋。亭池四周，花木扶疏，綠草如茵。每屆春夏，花草茂然，蝶鳥競至，穿梭飛舞，蓋喜來此做客也；迨秋冬之時，北風呼嘯，池面落葉，隨波流轉，亦慨然有縱一葦凌萬頃之貌。池之東南，造一假山，假山之上，植松數棵，蓊蓊鬱鬱；山側砌石，有泉水自石縫出；石壁則鐫刻王維「**明月松間照，清泉石上流**」詩句，此臧真白教授墨寶也。

池中養鯉，數逾半百，日夜相伴，情深意濃，魚之膚色，斑斕奪目，朝暉夕靄，浮光躍金，錦鱗游泳，煞是悠閒。余則以飼魚賞魚為樂。每見余來，眾鯉麇集，無不逸興遄飛，昂首嘟嘴，作嗷嗷待哺狀，以討余歡心，旋得大快朵頤之樂。余公餘得暇，輒立橋上，見魚來魚往，浮沉自如，無所不適；俄頃間，塵慮全消，俗念盡除。斯時也，魚樂我樂，渾然若一，幾臻化境矣。

維余嘗見頑童至此嬉戲，竟以油油麵包屑或硬硬堅果食之；甚者，將錦鯉釣置岸上，終至窒亡。無知若此，不仁若此，令人扼腕三嘆。

亭六角，斜頂覆以青綠，亭中置石桌一，石椅六，塗原木色，期與周遭景觀相映也。每逢下課，或午餐時間，多見學子圍坐亭中，或為同學慶生，或為社團籌謀，或益友暢敘，或澄思靜坐，遊目騁懷，實為養身調心休憩之勝地。至若登圖書館二三樓眺望亭池，則每扇窗內所見，皆賞心悅目之佳構也。

憶亭竣工時，雖區區規模，但玲瓏有致，氣象萬千。美術教席浩志師更為之入畫，並題：「**校園一隅，荒置多年，在校長用心下，如今成此佳景，喜而圖之。**」亭之名係向全校師生公開徵求而得，余並請至友書法名家李轂摩先生惠書「**耕心亭**」三字，鑲掛亭首。年前，余復於臨池之亭柱撰一對聯，右曰：「**書乃至寶一生勤讀**」，左曰：「**心作良田萬世深耕**」；藉以勗勉壢商莘莘學子，勤讀有用書籍，深耕荒蕪心田，知珍惜光陰，能力爭上游。

觀亭園盛景，固寒暑不一，靜躁有別，然四時佳興與人同，厥在吾人待之何如爾。余嘗謂坐於和平樓毗鄰亭池之同仁曰：「汝等座席，視野豐美，可覽窗外藍天白雲，可聞座旁風聲水聲，侶魚蝶而友風木，既窮耳目之勝，更極視聽之娛，是亦一福利歟！」眾皆稱是

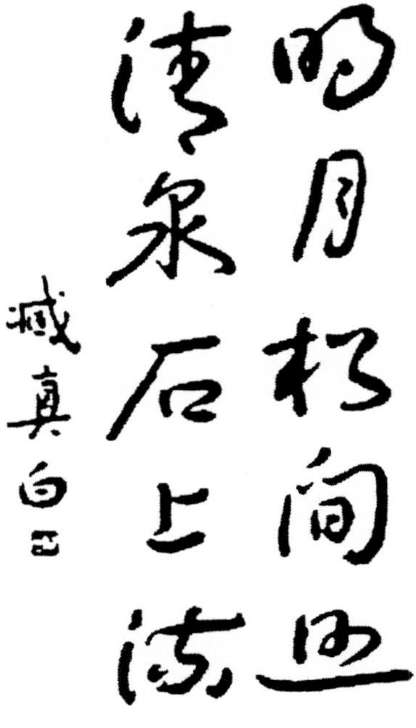

而笑。

民國八十九年二十世紀最末一日午后，余於巡視校園時，獨坐亭中，有風颯然至者，身為之一顫，乃以觀、以聞、以思，作此記以迎新世紀。

二 植福園寫生

我校壢商，於民國八十六年，收回了校園東址長期被軍方佔用約五百坪的土地。壢商校地原本狹小，區區五百地坪納入校園版圖，可說是增加了一片很大的空間。有了這塊福地，我在完成校園西址耕心亭的整建工程後，隨即著手這塊土地的規劃利用。

這塊土地，東西窄而南北長，就其格局，無法使操場的跑道再為擴張延伸。於是，乃做了呼應耕心亭的考量，決定興築一座林園，以求造景之美。

林園設計委請園藝專家繪圖，幾經修改，

植福園如詩如畫的美景

並儘量因地制宜，因以長成之植物制宜，在減少對自然生態的破壞下，設計圖終於定案，並即發包興建。工程進行時，多年來，樹立在操場東側專供練習打網球的那面高牆拆除了，操場與此林園隨之銜接一起。此林園東方北方，與中壢市公所即將闢建的公九森林公園相鄰，南方則與校內新蓋的志道大樓接連。

這座林園，面積雖小，但園內植物相非常豐富，舉凡芒果、梅花、桂花、榕樹、鵝掌藤、木麻黃、山茶花、土肉桂、杜鵑、菩提、鳳凰、龍柏、楓樹、櫻樹、七賢竹、九重葛、椰子樹、鳳仙花、雞冠莿桐等等，有的是舊栽，有的是新植，為數在五十種以上，可以說是一座琳瑯滿目的植物教材園。

操場東側中間入園處，一矮樹頭上刻著「**植福園**」的標示，左邊是一條長約三十米的步道，鋪以鵝卵石，踩踏其上，據說可以健身，所以稱之為健康步道。

入了道心門，往左邊走，四棵生長在一起的榕樹成群，我們在這四棵巨榕底部圈起來，形成一自然盆景，此盆景極為壯觀，更具視覺震撼力，我常常向來訪的賓客戲說：「此乃世界四大盆景之一。」此巨大盆景的頂部，枝葉茂密，層層疊翠，濃蔭蔽天；巨樹傘下，擺了一些石桌石凳，都是學子嬉戲之處。再往北去，有一歐式造型的圓形花壇，純白的小天使塑像，及在小天使手中振翅欲飛的小鴿子，模樣都蠻討人喜歡。再折回頭，植福亭亭景，矗立眼前，此亭建在實地上，不像耕心亭大部份懸空池中。在植福亭正面亭柱上，右柱寫：「**植基懷教澤長思道範**」；左柱寫：「**福地憶栽培永念師恩**」。亭頂赭紅色，頗為醒目，亭中擺置石桌石椅，可供來人坐談休息。

植福亭南邊，魚池分上下，中間置小石橋，靠南邊上池較小，池畔的石頭上，刻著「**川流不息**」四字，潺潺流水，日夜不停從石縫中流瀉，滋養著池中大大小小的錦鯉。下池較大，池邊的竹子，翠綠競茂，後來才栽植的垂柳尚待垂出詩意來。植福亭靠近下池的柱上，也嵌了一幅對聯。右聯是：「**靜觀池水魚游樂**」；左聯是：「**欣賞花香鳥語嬌**」。

植福園不但白天美，入夜更美。夜間，在高聳的霧燈照耀下，若再碰上薄霧輕拂，踩在微溼的石板徑上，整個園景所呈現的迷人的氛圍，足以令到此蹓躂的訪客流連而忘返。

全校師生，有了耕心亭後，再有這座範圍更寬廣、內涵更豐富的植福園，確實增加了不少休閒活動的空間。浸沈在這良辰美景中，對促進師生及同儕的人際關係，對培養學生喜愛校園的空間，對提高教學的效果，都起了積極而正向的作用，而這正是潛在課程所發揮的環境教育的功能。所謂：「**蓬生麻中，不扶自直**」、「**白沙在涅，與之俱黑**」，都是這個道理。環境使人發生改變，古代孟母三遷，就是顯著的例證。

我常強調，「**學校是公共財**」；就公立學校而言，這樣的觀點更為明確。因此，本校每天清晨實施校園開放，供附近社區民眾到校健身運動。很多民眾喜歡到本校來練功打拳、走路跑步，其中更有許多人徜徉植福園中，只為呼吸第一口新鮮的空氣，再做各式各樣的晨操，為一天的開始做最好的準備。

有時，我早點到校，在植福園中與這些父老碰面，從他們給予本校肯定的言語，和充滿支持讚嘆的眼神，甚至向我豎起大拇指時；親炙那種純樸無飾、彌足珍貴的感覺，真比所謂的「榮獲」上級官樣的獎勵還更令人窩心和感動呢。從而也覺得付出換回了代價，因為分享成果的並不只是校內的師生，更有許許多多知名或不知名的納稅父老。

「植福園」裡一年四季，各具姿色。春有杜鵑，夏有鳳凰，秋見炮仗花，冬賞白雪梅。園中蜂來蝶往，樹上鳥叫蟬鳴。不論動物或植物，大家都是生命共同體，都是這個大家庭的一分子，彼此共存共榮，生生不息。

《生機花園》一書的作者莎拉．史坦因曾經說過：「**我們人類沒有權力決定那些植物可以留存，與人類同登諾亞的方舟；也無權決定那些植物不必珍惜，儘量趕出人類的花園，任其生滅。**」這句話，無非告訴我們人類在面對自然時，要放棄「萬物之靈」的主宰意識，要摒除「人定勝天」的荒誕思維。事實上，我們不要忘了，人類也不過是大自然的一部分而已。

「植福園」自八十七年秋闢成之後，至今已兩年多了，當我們進入林園，親近自然、享受自然時，以常存廣植福田的心，學習感恩，師法自然，尊天敬地，維護生態；這樣，我們才能永遠與大自然一起呼吸，永遠保有大自然之美。

最美的，還是壢商

三 最美的，還是……

今年是第二個千禧年。一百年為一個世紀，經過十個世紀才是千禧年。所以千禧年，對我們人類而言，是非比尋常的一個年。也因此，千禧年，激起了全世界人類作更多的思考，不僅試圖獲得一些新理論的啟發，更在實務行動上力求有所躍進。特別是科技（尤其是生物科技）畛域的突破及人文價值的重新探索，在在都起了革命性的省思與作為。

在這百花齊放、萬家爭鳴的時代，你我何其有幸，相逢於此第二個千禧年，並能共存共處。在這個年代，你可以有你的觀點，我也可以有我的看法。儘管初始是相對的，卻無礙於相互琢磨後得到更珍貴的相容。

在千禧年，吾人定義的學習應該是終生的、是全面的、是精是博、是實用、是欣賞、是科技、也是人文。靠學習，人類開啟了智慧；靠學習，人類生產了知識；靠學習人類也應用了知識。今天，知識成了經濟最主要的意涵時，創造知識與應用知識的能力與效率，已凌駕了土地、資金等傳統生產要素，成為支持經濟不斷發展的動力。當整個社會成為學習型的組織時，試問：何人能「拒絕學習」？學習不僅是人類內在的財富，學習更是我們生命的資產。

我常講，**「只有自己想做好，才會做好！」「只有自己要進步，才會進步！」**同樣的，**「只有自己肯學習，才會學習！」**

不肯付出，就不會傑出；不能投入，就不會深入。

今年（民國九十年）七月下旬，我利用暑假赴大陸做一趟「絲路之旅」，讓我感觸良多。大陸與台灣，一海之隔，兩岸對峙了半個世紀，政治的糾葛，我不去談它。但大陸自鄧小平倡導改革開放以來，其進步那是有目共睹的。僅管到今天，大陸還有很多地方，很多設施仍不如台灣遠甚，但這並不表示大陸永遠比台灣落後。反觀目前台灣，黑金蝕國，財經泡沫，環保不保，公權式微，民代跋扈，人民更是好逸惡勞，這些等等負面的因素，若繼續惡化下去，面對大陸，我們將失去原本足以「以小搏大」的平衡，我們也將難以立足於世界舞台。

台灣只有把原本的謙卑與勤奮找回來，我們才能生存下去，才能有尊嚴的活下去。

在旅遊途中，我曾到新疆一家飯店，門口牆壁上裝飾著兩排醒目的紅字，上一排維吾爾字，我看不懂；但下一排的漢字「**最美的還是我們新疆**」，我被這幾個字震懾了好久好久。

新疆，古稱西域，絲路必經之地。清朝在此建省，以「迪化」為省會。「迪化」者，「啟迪教化」也，以中原主體意識看待這個「新」的「疆」域，所謂「西出陽關無故人」，「春風不度玉門關」，新疆自是化外之地，所以必須加以啟「迪」、加以教「化」。中共統治新疆後，成立新疆維吾爾自治區，把「迪化」改回原來的名字「烏魯木齊」，但在海德大飯店前的廣場上，高聳的紀念碑，內書「中國人民解放軍進軍新疆紀念碑」，「進軍」，此與大清帝國將新疆首邑「烏魯木齊」改為「迪化」，頗有異曲同工之妙，如此前後輝映，也真是諷刺啊！

但啟迪也罷，教化也罷，進軍也罷，都無損於新疆同胞的自信，與他們對自己鄉土的那份熱愛。雖然新疆種族那麼多，但大家和平往來；儘管生活條件仍不佳，但他們樂天知命，且努力學習與大自然和諧共處。如今，更在改革開放，在開發大西北的號召下，人人投入建設，已使新疆煥然一新。

比起我之前也曾造訪過，我們慣稱的外蒙古（已獨立為蒙古人民共和國），那新疆真是美多了，也棒多了。在新疆同胞的眼裡，在他們的心裡，「最美」還是新疆，那不只對蒙古比，更對中原的京都比，也對全世界比，其實是不在乎對誰比。原來**「最美」，在於他們的一顆心，在於他們對鄉土真情的流露，並成為一種態度**。這不只在烏魯木齊已有四通八達的交通大衢，不只在從紅山向下眺望櫛比鱗次的高樓，不只在阡陌縱橫的「坎兒井」水利工程，不只在遍地的瓜甜果香，也不只在天山天池的一片翠綠……，會是「最美」，其實是他們從內心自自然然激發出來的信仰和堅持。這正是他們對新疆一份情懷的滋長，是對鄉土一個心靈的宣言。

絲路歸來，我一直唸唸有詞，想要套用這句話，對壢商的師生，乃至萬萬千千的校友說：「**最美的還是我們壢商**」。如果全校師生，畢業校友，都認同我這一句話，你會發覺：美或不美，乃至最美，原來只是一種感覺，只是一顆充滿期待和企盼的心境罷了。

讓我們以十足的信心，抬頭挺胸，高聲地說：「最美的還是我們壢商」，何況，看看我們已然綠綠的校園，看看認真教學的師長，看看用功勤學的同學，以及超高的升學率、錄取率等。這些不都是最美、最棒、最炫、最……的嗎？

最近，我看了賴東進先生寫的一本書《乞丐囝仔》，作者東進先生，他曾經是人人嘲笑、羞辱、戲謔的小乞丐，父親是全盲瞎子，母親與大弟都是精神異常又重度智障，一家十二個孩子，連同父母共十四口人，幾乎全靠他和姊姊乞討維生。他在墳墓的百姓公廟睡了十年，他忍受了二十年的譏諷與鄙視，但憑著一股「不服輸」的意志，終於使他從屈辱中站了起來，「**痛苦的人沒有悲觀的權利**」、「**流浪的人沒有受傷的權利**」，在暴風雨裡行乞，在寒夜裡行乞，只求一家十四人可以活下去，可以活著看到明天的太陽。多少次因為要不到飯，他甚至去偷人家餵狗的飯，喝水溝裡的水……。他要照顧眾多的弟妹，甚至要幫智障的母親處理月經。但所有的折磨、困頓，沒有擊倒他，反而使他更為堅強。

數十年來，他每天只睡三、四個小時，只為了要証明：**再不幸的人，只要肯努力，一樣可以出人頭地！**如今，他做到了，一九九九年他贏得了全國十大傑出青年的殊榮。雖然出身乞丐家庭，但乞丐囝卻娶了千金女，現在他已是一家五十多位員工的防火器公司廠長兼生產部經理。唯一和各位同學一樣的，他也是一位高職的學生。在他的心靈世界，屬於他的都是最美的，最偉大的。時常責打他的爸爸，在他心目中依然是最偉大的父親。十三歲就為家庭被賣身火坑的大姊，永遠是他最尊敬的大姊。住了十年的百姓公廟，也曾是他一家人最美的、最溫暖的「家」。

身為乞丐子，但他那高吭的吶喊：「**讓我讀書！讓我讀書！讓我讀書！**」老天爺聽了也會感動。也因為上學讀書，改變了他的一生。

「**日本有阿信的故事，台灣有阿進的故事**」，賴東進先生把生命詮釋得如此淋漓盡致，也如此慷慨悲切，相對於條件比他好上千倍萬倍的人—我們的信念何在？我們的意志何在？我們的最美何在？我們又有過何等的堅持？他從小學到高職，大小考、模範生，到美術、書法、田徑等比賽，樣樣得第一，所得獎狀不下百張，可是對他這歹命的小孩，一張代表至高榮譽的獎狀，卻不如行乞來的一頓飯……。

讀讀阿進，想想自己。我們能夠不認真，能夠不努力、不奮發圖強嗎？

壢商的好，壢商的棒，是所有壢商人的光榮；壢商的美，也要由所有壢商人來打造與分享。讓我們打從內心深處，帶著自信的微笑說：「**最美的還是我們壢商**」！

準備就緒，蓄勢待發，御風而上

四 人人都可御風而上

繼**《總裁獅子心》**之後，再拜讀嚴長壽先生的第二本大作**《御風而上》**，對嚴先生從一個傳達的小弟，經由自我期許，及不斷的努力奮鬥，成為當今餐旅業及企管行銷知名總裁的傳奇生涯，由衷敬佩不已。

其實，細細品味嚴總裁前後這兩本巨著，我們會發現，今天他事業的成功，他生命的豐富，絕不是傳奇；而是他人生智慧的體悟，是他擇善力行、熱情分享的果報。

他啟示閱眾：

我們大多數都不是聰明絕頂或運氣絕佳的

人，唯有發揮個人的特質，在經驗中淬礪出更寬廣的視野，精研溝通之道，才能在新世紀的浪潮中，以扎實穩健的步伐，繼續向前行。」

新世紀，迎接我們的不全然是燦爛的遠景，更多的反而是無法掌握的鉅變。人生所追求的將不僅是自己的成功；而是要懂得付出關懷，學會與人分享，並體悟人生的價值。

前面要走的路，不會是我們所想要的那麼平坦。但，心寬，路就寬；心旺，路更暢。所以，要認真面對未來，要勇敢接受挑戰。

要改變別人之前，必須先改變自己。

機會，很多；但往往是稍縱即逝。只有隨時做好準備的人，才能掌握住機會，而邁向成功。

但願在新世紀的洪流中、在全球化沒有國界的競爭環境裡，會因我們多看、多聽、多問、多想而充滿創意。

學校教育不只教給學生知識，不只教給學生追求知識的方法，更在於教給學生如何與人共同生活、共同學習、共同分享的態度。

學習過簡單素質的生活，提昇人文精神素養，做發光體，不做反光體，自信自主，不隨波逐流；並創造自己不可取代的優勢，自可御風而上，一如嚴總裁這樣一位值得令人尊敬的典範人物。

五 生命之歌

只有肯將自己心靈的那扇窗推開，才可以得到更寬廣的視野，看到更深更遠的世界。

在「**生命的版圖**」上，人類究竟要做些什麼？

這塊版圖是拼湊的？還是一體成型？

看待生命，是自己操弄的權利？還是要仰仗別人能力？

詮釋生命是誰的事？是科學？藝術？宗教？易老莊？或……。

生命的起落，有時像波濤洶湧的大海，

撐一支長篙，向青草更青處漫溯…..(徐志摩〈再別康橋〉)

驚雲裂地；有時像滾滾江河，後浪推擠著前浪；有時像山澗蜿蜒的溪流，只是潺潺的呢喃；而也有時平靜無波，像一潭止水。

要使生命存在時麗如夏花，結束時美如秋葉，瀟灑走這一趟人生的旅程，我們必須不斷學習，培養創造力，提升自信心，將生命安頓在充沛豐盛的水平上，熱愛工作，尊敬工作，施展抱負，實現理想，自可期其有成。

創造者並不允許天空常藍，生命的樂章也自有高低起伏。當創造力匱乏，活力不足，挫折與考驗來臨的時刻，氣餒頹喪或不可免，但這也許就是生命經過深沉洗鍊後重新出發，又一次豐盈的開始。在生命晦暗的日子，我們要透過「學習」與「面對」，在自我反省中形塑出人生的智慧。只有肯將自己心靈的那扇窗推開，才可以得到更寬廣的視野，看到更深更遠的世界，並因此得以從各種不同的角度窺探生命的全貌。

「**冬天來了，春天還會遠嗎？**」懷感恩的心，抱期待的情，潛入人生哲學的觀照，咀嚼生命深層底蘊的真如妙境，當會發現自己生命所具有的一定意義。

蘇格拉底說：「**未加反省的人生，不值得活！**」對自己的生命，我們有過深刻地反省嗎？有過認真地檢視嗎？這全然是自己每日的功課，不可分工，不能委任。然而，我們卻時常以詆毀、咒詛、折損、放棄，甚至以自殘自了相對待，徒使自己無辜的生命受盡了委屈。

要做一個樂於為後來者開門的人，不要在理智幽暗的時候，使前途成為死巷。對於周遭而言，最好的運動，莫過於俯下身去，扶人一把，助人一臂之力，並以智慧構築出實用的制度，拉起需要拉起的人。工作是要表現出具體的愛，藉此，我們可以超越現實的層面，提升生命進入精神的領域。

在我們建構生命，輕彈生命的樂章時，讓我們活出健康，健康得足以使工作成為一種樂趣，並帶來富足以供所需。讓我們堅強得足以跟困境搏鬥，並將怯懦拋棄。也讓我們在得到恩寵時，知道以懺悔救贖埋在自己內心的原罪。要向被公認的典範學習，以使自己也獲得像典範一樣的好名聲。還有，我們也要仁慈寬大到能夠看見敵人的優點，並使敵人成為朋友。讓我們成為對他人有用的幫助。讓我們所懷的希望、勇

氣與周全的準備，足以袪除一切未來不可知的恐懼。

楓紅層疊，風情萬種，駐足其間，每令我們流連忘返，讚嘆不已；但回過頭看，翻飛的蘆白，蒼茫的曠野，也是另一種讓人況味嚮往的境界。美由心生，美亦由心滅，境唯心造，讓我們學會謙抑而不忘記做自己的主人，以此為臺基彩繪人生，揮舞人生，為生命寫真。

人生太匆匆，生命須臾間，「取」是「得」，「捨」也是「得」，「該取」或「該捨」，則端在自己動心起念一瞬間。

對生命最好的回應，應該是珍惜它、寶貝它，日月追求新知，天天滋潤營養，並在「人生有夢」、「夢想成真」的歲月裡，以自我的肯定，謙虛向前行。

樂器的弦，太緊了，或是太鬆了，彈奏不出美妙的旋律；一個人的生命何嘗不是如此？在我們成長的過程中，先是接受呵護，得到教養，繼而宣示獨立，認識周遭，建立人際關係，而後作出貢獻，成就名山。生命的路上，也許是浪花飛舞，美不勝收，像一首又一首動人的交響曲。但生命也有無法避免的低調，哀哀怨怨淒淒切切；

雖然如此，亦不失其楚楚動人，扣人心弦，**漲潮的豐盈固然令人歡欣飽滿；退潮的貧白，同樣也能激起你我內心深處陣陣的漣漪**。

一個人性靈的美，有時不在「有」，不在「實」，不在「滿」，不在「進」；反倒是在「無」之中，在「虛」之中，在「空」之中，在「退」之中。所謂「無聲勝有聲」、「有容乃大」、「大智若愚」、「以退為進」者，其意在此，而這不正是生命平凡但卻真實的映照嗎？

只要我們有信心、樂觀、勇敢、創造，真真實實活下去，以慈愛、包容、關懷、悲智來經營自己的生命；那麼，每個人所譜出的樂章，儘管曲調不同，高低有別，但是每一首的「**生命之歌**」都是同樣的彌足珍貴，都是同樣的至尊無比。

當氣流不穩，坐在飛機艙裡時；當急流翻騰，駕著一葉扁舟時，或當我們站在山之巔水之湄時，生命的存在，生命的終結，生命的偉大，生命的渺小，當下都可以讓我們有著切身真實的感受。然而，如何與生命對話，生命的真相又在那裡？仍是我們千古以來，尋尋覓覓難以解讀的大迷大惑。

為了「不枉此生」，追求真、善、美、聖的境界，或許就是我們生命中每一分每一秒所要付出的努力。

有道是：「**大事難事看擔當，順境逆境看襟度，臨喜臨怒看涵養，群行群止看識見。**」在生命的國度裡，也許我們還得加把勁、多用點心，才能聆賞到生命由「擔當」、「襟度」、「涵養」、「識見」所組合的交響曲呢！

六　專注+勤奮+毅力=讀書成功

一、潘昱豪同學：今（九十二）年學測滿級分（七十五級分），指定科目考試高達五三一分，現就讀國立台灣大學醫學系。

他高三導師曾兆源老師對他的評價是：

「潘昱豪同學在學科能力測驗及指定科目考試，都有非常優異的表現。他在課堂上很專注，主動參與教學活動，經由老師的提示和引導去思考課程的內容，適時提出疑問並解決問題。每次評量後，一定用心檢討找出自己的盲點，並且會吸收老師的經驗和處理問題的技巧。另外，毅力、信心和決心，我想也是潘昱豪同學能在同儕中嶄露

作者與2003年武陵四位學測滿級分學生合影

頭角的重要原因。」

二、王之賢同學：今年學測滿級分，現就讀國立清華大學材料科學工程學系。

她高三導師黃祥寧老師稱讚她：

「王之賢同學在班上成績一直很優秀，她從不補習，甚至不買坊間的參考書。上課認真聽講，虛心學習。每天都非常踏實的把當天上課的進度複習完畢，這是她成功的原因。」

王之賢同學是普通班自然組的學生。

三、吳欣芸同學：今年學測滿級分，現就讀國立陽明大學醫學系（自費）。

她自述的讀書心得是：

「老師上課的時候，一定要認真聽講。因為自己回家唸，有很多地方不如聽老師在課堂上講解透徹。每天回家，一定要把在學校所學的課業溫習一遍，而且在每次小考時就要要求自己讀好，不要把所有功課都堆到段考前才唸。準備學科能力測驗的時候，眼光就要放得遠，不要以為自己目標是擺在七月的指科考，學測就可以隨便考考，畢

竟所考的部分仍有不少是重疊的。我覺得，在讀書方面，專心是最重要的，不要想東想西，才能把書讀好。」

四、林永慧同學：今年學測滿級分，現就讀國立陽明大學醫學系（自費），升上大學與吳欣芸又是同校同系的同學。

她提出與同學分享的讀書心得是：

「上課一定要專心，不要認為自己回家會唸懂，因此就在課堂上做別的作業或看別的書。有很多東西不聽老師講解是很難領會的。唸書不要光唸參考書或一些所謂的大秘笈，其實「課本」才是真正重要的必需品，著手唸一科的其他參考書之前，先唸好那科的課本將會有很大的幫助。偶爾考差時，不要氣餒而喪失了信心。要捫心自問自己究竟有沒有學到東西，只要盡心盡力，這次不好，下次再來就是了。能保持正面愉快而嚴謹的心態，是把書讀好的基本條件喔！」

五、吳柏權同學：二〇〇三年亞洲物理奧林匹亞競賽與朱彥儒同學雙獲金牌，代表我國參加二〇〇三年國際物理奧林匹亞競賽，又獲得銀牌，已申請保送進入台大物理系就讀。

對於如何讀書，他說：

「上課要專心，回家功課一定要複習。每天至少讀三個小時的書。複習的時候，與其猛做題目，不如先仔細思考，再來做一些練習的題目，增加熟練度；如果能用自己的話和自己的方式敘述教材的內容，那才算是懂了，讀通了再做題目。就算到了高三下，也並不是純粹只在猛做題目，把教材弄懂才是必要的。學習的真諦並不是為了考試；考試只是檢驗我們是否讀懂，是否瞭解教材內容的一種手段。考差了表示自己的學習有缺陷，針對缺失再努力就好了。一顆肯學習的心才是最重要的。」

以上吳欣芸、林永慧及吳柏權三位同學，都是同班同學，高三導師是陳明鈁老師。

六、朱彥儒同學：高二即代表我國參加二〇〇三年亞洲物理奧林匹亞競賽得到金牌，同年又參加國際物理奧林匹亞競賽榮獲金牌，且為全世界排名第四名，為國爭光，揚名國際。

他的導師胡方彰老師給他的評語是：

「朱彥儒有今日的成績，除了資質特別優秀之外，在課堂上的表現更是令人印象深刻。因為他上課非常專注，對老師提出的問題都會認真回答，並提出自己的看法與老師討論。有朱彥儒在課堂裡，上課的氣氛總是熱烈的。下課時間也可看到他與同學與高采烈地討論問題，並幫助同學解決問題。我認為他值得同學學習之處在於：(1)既謙虛又積極的學習態度；(2)有今日事今日畢的讀書習慣。」

朱彥儒同學已經以國際奧賽金牌獎資格申請明年進入台大醫學系就讀。校長建議他可以以醫學為主，輔以其他生物科技進行多元的探究，將來能夠在廣闊的學術領域闖出一片天，而不要只是一個看看病的臨床醫師而已。

看了以上這六位同學的讀書方法，可以發現有幾個共通點：

1、**專注**：老師上課時，一定要專心聽講。這對深入瞭解教材，有很大的幫助。

2、**勤奮**：一定要做到預習功課和複習功課。重視平時分段的、有計畫的讀書。今日事今日畢，今天的功課，今天一定要完成。

3、**毅力**：對自己要充滿信心，意志堅強，持之以恆，並增加對學習內容的熟練度，保持正面愉快而嚴謹的心態。

因此，專注＋勤奮＋毅力＝讀書成功。

學習這六位同學的讀書方法，不一定會有與他們同樣的結果，但雖不中，亦不遠。**上課不專心，卻在放學後勤跑補習班；課本不搞懂弄熟，卻抱著一大堆參考書，這有可能是本末倒置的下策呢！所以，盼望同學們在功課的進修研習上，能深自期許，講求方法，才能事半功倍，才能讀書成功。**

七 校長請你喝咖啡

校長請你喝咖啡，因為你是武陵的風雲學生！

打造武陵成為一所「**和諧進步、創意活力、自由卓越**」的校園，一直是我經營本校所努力以赴的目標。

因此，對於本校表現特別優異的同學，除了依照相關規定獎勵外，我希望自己也能夠為這些傑出的同學表達一份心意，我要請這些武陵的風雲學生到校長室，讓我親自沖泡一杯咖啡請你喝，咖啡喝完，杯子就送給你。

咖啡杯將為你專案燒製，杯身會印上你的大

作者與2004年武陵風雲學生合影

名，並有「武陵校徽」、「**武陵風雲學生**」及「**風起雲湧　人類希望**」等圖字，頗值得珍藏。除了瓷杯以外，還有製作精美的當選證書，藉以嘉許同學傑出的表現。

一、被推薦為「**風雲學生**」的條件是：

1、不與人爭短長，甘於默默為有意義有價值之信念有所堅持，長期付出，並產生正面影響者。

2、拾獲巨金不昧，孝思不匱、義行可風、力爭上游，及其他堪為同儕楷模，且足以增進學校榮譽者。

3、領導學生社團，組織健全、活動積極、表現優異，有具體事實足堪表揚者。

4、普通班同學在校學業成績連續三個學期名列全班前二名，且為全校同年級同一組（自然組、社會組）排名前5%者。數理（語文）資優班、醫科班、音樂班同學在校學業成績連續三個學期名列全班前二名，且為全校同年級同一組排名前1%者。

5、參加大學入學學科能力測驗，獲得滿級分者。
6、參加大學入學指定考科考試，原始總分數名列各類組（第一、第二、第三類組）前三名者。
7、榮獲全國性科展、美展、音樂、運動競技、語文競賽等各項比賽及學科能力競賽第一、二名或金、銀牌者。
8、榮獲國際性科學展覽第一、二、三名者。
9、榮獲亞洲物理、亞太數學奧林匹亞競賽金、銀、銅牌者。
10、榮獲國際奧林匹亞各項競賽金、銀、銅牌及榮譽獎者。
11、其他具有同等推薦條件表現優異者。

二、「**風雲學生**」產生的方式為：

在每學期開學後一個月內，由本校師長、同學向校長提出書面推薦。性質不同之項目，可重複推薦，符合條件者，由校長延聘相關人員詳為審酌被推薦同學日常表現等各項背景資料後，再決定當選與否。

三、當選同學，校長將親自為你披上「**武陵風雲學生**」綵帶，致贈當選證書，並與校長合影留念，另將洽請當選同學自己或其師長、家人、同學朋友撰述一與當選人有關之文章，集結風雲學生之事蹟，出版《武陵風雲學生》專輯，讓優良事蹟得以傳承、推廣。本辦法自民國九十一年八月一日起計，除推薦條件第4項係以每一學期為單位外，餘均以學年度計。另六人（含）以上之團體獲得被推薦條件並當選者，暫僅頒給團體當選證書。

我衷心期待，並且堅信，只要我武陵人「**好德愛智**」，武陵一定會更美好、更進步。**凝聚武陵人的情感、砥礪武陵人的志節、形塑武陵人的風骨、締造武陵人的光榮**，一切盡在一杯香醇的咖啡中！盡在武陵人謙沖自牧而又充滿自信的步履上！

附註：二〇〇四年本校表揚之校園風雲學生計朱彥儒等五十二名，其中已畢業之三十八名，都進入非常理想的校系就讀：

序號	姓名	現就讀大學科系	備註
1	朱彥儒	國立台灣大學醫學系	
2	溫恪瑩	國立台灣大學物理系	

3	段生輝	國立陽明大學醫學系	
4	賴薇云	國立清華大學生命科學系	
5	余采容	國立交通大學應用化學系	
6	張惠婷	國立台北醫學大學牙醫學系	
7	周建良	國立成功大學地球科學系	
8	呂宗城	國立陽明大學生命科學系	
9	李俐慧	國立台灣大學公共衛生學系	
10	邱柏訊	國立清華大學資訊工程學系	
11	梁福田	國立台灣大學資訊工程學系	
12	黃名鉞	國立台灣大學數學系	
13	歐道聖	國立台灣大學電機工程學系	
14	羅琨元	國立台灣大學化學工程學系	
15	廖文帝	國立台灣大學外國語文學系	
16	林智貞	國立台灣大學外國語文學系	
17	朱　妤	國立政治大學教育學系中等師資組	
18	吳翰屏	國立台灣大學財務金融學系	
19	蘇維敏	國立政治大學廣播電視學系	
20	王欣瑜	國立台灣師範大學英語學系國小英語教學組	

21	張惠雯	私立南華大學應用社會學系	全盲視障學生
22	許皓業	國立台灣大學經濟學系	
23	吳柏權	國立台灣大學物理系	
24	吳欣芸	國立陽明大學醫學系	
25	賴君婷	國立政治大學財務管理系	
26	林永慧	國立陽明大學醫學系	
27	賴瑞彬	國立台灣大學電機工程學系	
28	盧韋伶	國立台灣大學電機工程學系	
29	丁致良	國立台灣大學電機工程學系	
30	潘昱豪	國立台灣大學醫學系	
31	黎子豪	國立陽明大學醫學系	
32	巫清隆	國立陽明大學醫學系	
33	王之賢	國立清華大學材料科學工程系	
34	陳筱婷	台北市立師院英語教學系	
35	胡凱涵	國立台灣大學法律系	
36	邱柏慎	國立台灣大學國際企業系	
37	謝宜珊	國立成功大學台灣文學系	
38	葉芳宜	國立台灣大學國際企業系	

八 小事，就是大事

「**做好小事，成就大事**」，這是開春伊始，我與全校師生互相勉勵的話。

一個新的學期又開始了，校園生活一如往昔般週而復始的進行著，不論行政工作的運作，或課程教學的實施，我們總習慣於過去怎麼做，現在就怎麼做。一句「我們不都是這樣長大的？」就足以抗拒我們可以做得更好的一些小小的改變，甚至只是一個心態的調整，只因多一事不如少一事，少一事又不如都沒事，得過且過，還不是一一過了？所以，想要把每一件小事，重新檢視，重新探究，重新賦予更符教育意義，更有教育價值的努力，常會遭到何必「自找麻煩」的反撲，於是乎我們的日子，只不過是歲月的翻版，歷史的重蹈而已。

在我們所處的社會結構中，無論機關學校，或企業團體，處處存在，也時時存在著上述這種情況。的確，是有相當大的比率在這樣因循苟且中相安無事地渡過了；但事實上，也有不少組織是在不求改變思考模式，不圖調整經營策略而被三振出局，尤其是挑戰性高的企業，一些大賣場的停止營業，大企業的關門倒閉，就是例子。

目前在學校以安定保守為主軸的思維，一直盤據著校園，使得我們很難進行一些組織的變革，對現狀做調整。在這樣的氣氛下，一些小事，哪怕只是灑掃、應對、進退等生活起居的細節，往往都被忽略了。而這些真是小事嗎？其實這些就是我們要成就的人生大事。大家在自己崗位上，各盡其職，把自己負責的每一件小事都做好，力求盡善盡美；則整體的，大的事情，譬如是令人尊敬的班譽，令人景仰的校風，不就成就出來了嗎？「**治國如烹小鮮**」處理國政是大事，把小鮮烹煮得色香味俱全是小事；但學會學好烹煮小鮮這種小事，卻也是學習到治國經邦之大事。

組織是要靠幹部發揮功能來運作的。於班級言，各班導師、班長、各股長等，對自己的職責，一一加以關注，每班都以締造、愛惜班級，創造優質的班風自期，則師生關係自然和諧，學生的課業、禮貌、服儀、整潔、榮譽等也自會有更佳的表現。

同樣的，學校各行政單位都能嚴謹將事，多元思考、尊重而不和稀泥，有權更要盡責，**把對待的每一件小事，都當成是在對待一件大事**，以臨淵履薄之心去處理去解決，則諸多行政措施，儘管複雜，推而行之，必能贏得全校師生的體諒配合，甚至敬重，而優質的校風也將於焉產生。

在學校，教師教學、導師帶班級都很辛苦；但兼辦行政者更為煩惱，實在難以事事盡如人意，這除了請教師包容外，行政人員本身也應做到盡其在我、無愧我心。擔任班級的幹部對自己班上的同學，乃至校長對全校的師生都一樣，難以做到讓人人滿意、大家說好，但盡心盡力就是了。

身為老師，要照護學生，但不是放縱學生。老師要教好書，更要教好人。

身為學生的，不只尊敬老師的專業學識；更要尊敬老師為培育學生所付出的愛心與熱忱。

結實纍纍的稻穗，總是以低垂的姿態訴說謙卑的可貴。

願全校師生，彎下身子，踏踏實實，不妄自菲薄，也不自以為是，及時努力。當我們把任何看到、聽到、或想到而該做的每一件小事都一一做好時，一定會發現自己竟是那麼富有，那麼值得人家尊敬。

九 旅行是最好的老師

民國九十三年五月廿四至廿九日，一連六天五夜，我帶領本校（國立武陵高中）六十二名師生（師三生五十九）前往日本進行教育之旅。這是配合政府挑戰二〇〇八國家發展重點計畫—推動國際教育旅行活動項目下的一項文教交流之旅。

當今，在全球化浪潮正席捲整個地球人類的時刻，封閉保守必為時代潮流所淹沒；只有打開心扉，不斷學習與分享，人類才能創造出更豐富的生命內涵，享受更精采的人生。提升國民的「**全球視野**」，也正是新任教育部杜正勝部長施政的「教育四大主軸」之一。

一、介紹兩所日本高校

這次教育旅行主要參訪了日本兩所高校（高中）、一所大學，和迪士尼、皇居等景點。在此，僅就參訪的兩所高中作重點的描述，以瞭解中日兩國高中教育的差異

海外教育旅行開拓師生國際視野

性，進而收到觀摩學習之效。

（二）靜岡縣立靜岡城北高等學校

這是一所純女生的高校，已有百年的歷史，學生人數約八百人，而教職員約七十人。學校實施全日制課程，分「普通科」和「國際科」兩科。此次參訪即由國際科學生與本校學生進行交流。學校營運組織，校長之下設有相當於副校長的教頭兩人，主管教務部；事務長一人，主管事務部。學校對師生身體衛生保健特別重視，設有兼任校醫四人（包括內科、耳鼻喉科、眼科、及齒科各一人）、兼任藥劑師一人。本校學生數二八〇〇人，是城北高校的三點五倍，規模不小，卻無副校長之設，且全校教職員才一百七十人左右，而校醫也僅兼任一人，專任護士一人而已。相較之下，我們教職員的工作負荷，顯然較為吃重。

該校課程設計除一般文史、數理課程外，我們親眼看到了該校對美術、音樂、體育、書道、花道、茶道、弓道（射箭）、劍道等課程的重視，學生社團的多樣與活動的蓬勃，令人感到日本高校校園生活的豐富與學習的張力。該校日課表每天七節，學生在八點二十五分前到校，第一節課八點四十五分才開始，每節均為五十分鐘，上午第四節課程在十二點三十五分結束，下午十三點二十分為第五節課程開始。第七節下課後，即為師生活躍於各式各樣社團活動的時間。圖書館藏書達三萬九千冊，相若於本校的四萬零四百冊。

該校每年行事曆安排三個學期，第一學期為四月至七月，八月為暑假，國際科辦理國際海外研修；第二學期為九月至十二月，十二月為修學旅行；第三學期為一月至三月。每學期都有始業式及終業式。每年三月舉行三年級生的卒業式，發給畢業生卒業證書。

該校極重視學校之外圍組織，包括校友會（同窗會）、PTA、以及家長後援會。另學生會的組織亦極健全，設有學生總會，下設各委員會及各學生社團（分運動部與文化部）。學校正式組織與外圍組織的構成，乃圍繞在該校「繼承歷史傳統、展望嶄新時代、促進教育活力」的教育方針上。

為了我們這一行遠道而來的客人，該校費心盡力做出了良好的接待與安排，此要感謝代表校長的小島教頭及她所領導的師生對我們此行赴城北高校參訪的重視。

（二）東京都立西高等學校

這是一所位於東京都內已有六十多年歷史的市區學校，但是學校規模亦不大，係男女合校，學生人數約九六〇人，是本校的三分之一，但教職員約八十四名，兼任校醫四人、藥劑師一人，如同靜岡城北高校一樣。除校長一人外，亦設有名為教頭的副校長兩位。下有負責教務的主幹（即主任），和負責生活指導的主幹各一人；另事務長一人，下有主任兩人。其一年之學校行事曆及課程安排與靜岡城北高校大致相同（同為公立學校）。學生會的組織亦極為健全，讓學生有著充滿創意成長的學習空間。在「西高會館」內，學生多采多姿的社團活動，令人覺得在此接受教育的孩子真是幸福。

西高也重視校友會、ＰＴＡ等組織之支援，圖書館藏書達四萬一千七百冊。為了校務運作順暢，該校訂頒「東京都立西高等學校管理營運規程」，內容詳盡，使學校行政運作各有所憑，一切按部就班，悉照步數。

而西高學生社團之蓬勃熱絡，更不亞於靜岡城北高校，花道亦有男生參加，除書、茶、弓、劍道外，其他各項戶外體能球類社團也都吸引許多在校學生於下午課後熱烈參與。也許是男女合校的關係，學生互動的氣氛更勝靜岡城北高校，此點與本校同為男女合校的活潑，頗有雷同之處。

本校與西高兩校學生交流的氛圍溫馨感人，除了感謝校長石川和昭先生親自熱情接待，教頭水谷禎憲先生居間安排外，更要感謝很多該校的學生家長為我們來訪，也到學校協助各項的接待事宜。

二、交流心得與建議事項

1、此次交流參訪，雖安排城鄉各一所公立高中，但因時間太倉促，僅能一窺日本高中教育之梗概，實無法深入瞭解全貌。而為了招呼學生，雙方教師之間少了交流，頗為可惜。

2、以參訪的兩校觀察，日本高中教職員與學生人數比遠優於我國；其對師生健康醫療之重視，更值得我們效法學習。對於生命教育、人權價值等，我們必須再加強推動，不能只是喊喊口號而已。

3、以學校規模來看，日本這兩所高中的圖書館藏書，均優於本校。我們要再充實館藏，並充分使用。

4、所參訪這兩校教師均極敬業，此從教師的服裝穿著、實際上課、及師生互動感受得出，而學生更是樂於所學，校園是快樂的天堂。以本校而言，少數員工的敬業精神尚待提升。且教學不應只以升學之課程為主，所謂副科的美、音、體等學科之教學更須大力加強，當然這是受到整個教育大環境的影響，但是我國這種以升學為主的課程安排，每天上八節課，學生早出晚歸，是否有助於國家競爭力的提升，有待檢討。

5、日本高中教育，重視學生海外研修及學期中的修學旅行，視為課程的重要部分。我們就在迪士尼樂園，看到有很多高中、國中學生在此進行修學旅行。日本學生在校外活動，注重公德、衣著整齊（儘管有的學校女生服裝辣一點，卻也辣得整齊）、有禮貌、不喧嘩、守秩序、不亂丟垃圾。凡此，都是本校及台灣學生要深切省思並向日本學生學習效法之處。在彼此交流互動中，感受到日本學生的自信心強烈，對國家的認同感甚高；相較於我們，或許是對自己國家定位的質疑，使得表現有點瑟瑟縮縮。

6、今年我國高中職辦理國際教育旅行，大部分選日本高中職校，這對駐日本代表處是極大的工作負擔，可鼓勵規劃到世界各國、到各地區，甚至前往中國大陸參訪。

7、此次交流之行，前往西高校較預定時間提早了一個半小時，而參訪早稻田大學卻又延誤了半個鐘頭，造成對方接待上的困擾。對一向守時的日本人而言，是我們的不禮貌。所以承辦旅行社對行程的掌控要非常準確。

8、交流之前，對參訪國基本背景資料，以及簡單的問候語、禮儀等，都要先做好功課，要有完整的認知，更須選用能勝任翻譯工作的地陪（導遊），以利交流活動之進行，所以導遊不能像一些觀光團只做做景點的介紹而已。

三、結語：體驗學習，學做世界公民

Travel is the best teacher（**旅行是最好的老師**），這是我國今（九十三）年大學入學指定考科英文科的作文題目，可以想見青年學生出國旅行遊學的重要。今天，學習的空間已不侷限於校內，也不是關在家裡進行。我國有一句話：「**讀萬卷書，行萬里路**」。事實上，拜科技之賜，今天世界各個角落，幾乎都可朝發夕至，天涯已經不是若比鄰，因為天涯就是比鄰，只有走出去看看多采多姿的世界，「**體驗學習**」，我們才能學到學校書本上沒有的知識和能力，培養國際視野，並發覺自己現在已經是一個

「**世界公民**」。

當國家與國家、地區與地區的畛域模糊了、消失了；「**天下為公**」「**世界大同**」的思維自會一層一層地浮現。當生活在地球上的人類，感到福禍相倚，休戚與共時，就必須以更恢弘的胸襟，更寬廣的氣度，善盡身為地球村世界公民的責任。

十 面具，要不要掀開？

「為什麼巴頓將軍永遠只有前進沒有後退？」

我們常把人生比喻是一個舞臺，你我不過是經由裝扮不斷在舞臺上演戲的角色而已。不管是德望崇隆，貴為一國之尊；或者是為生計謀衣謀食的小老百姓，大家都是如此，無人例外。人人戴著「面具」，在人生舞臺上面對生活，面對歷史。

人生如戲，戲裡人生。

「裝給對方看」、「表演給別人看」，已然成了我們表達自己的主要方式。這種「裝給人家看」的方式，可能有善意的、真誠的；也可能是惡意的、虛偽的。

教授面對學生，總是一副經師人師道貌岸然的樣子。

面具，要不要掀開？

長官面對部屬，也常是帶著一副你就得聽從我的高傲。

這種裝演的方式，可能出自善意，使學生認同教授的道德學問，崇拜教授，引為學習效法的楷模；但也可能出於惡意，企圖藉外在行為包裹對自己學術的懷疑，也藉此避免被學生戳破。

醫生在患者面前，更是如此。醫生對病人總是很權威、很有信心的樣子。這樣可穩住患者病情，可減輕病人痛楚，醫生如此的表現應是善意的；可是，也可能是醫生對自己醫術無能，不得不以打腫臉皮充胖子，並以醫生高社會形象的面具來掩飾。

教授也好、長官也好、醫生也好，他們對學生、對部屬、對病人的行為，都是「**裝給人家看**」的「**前臺行為**」，並且希望對方在有所不知下，就以他裝扮出來的行為看待他，與他交往。

由於社會劇烈的互動，影響所及，我們不難發現這種戴著面具、裝給人家看的行為，時時可見，處處存在。但是，人們一方面接納相當程度的社會規範、或社會期待而裝給人家看；另一方面卻又想擺脫這一層層裝給人家看所帶給自己的壓抑與束縛，希望能「**還我本來面目**」，解放自己，使自己能夠得到不為別人所看到的「**後臺行為**」。換言之，在獨處或居家時，希望自己能夠卸下為別人而戴上的面具。

我們一提及「面具」，常習慣地賦予它負面的印象，甚至多方加以撻伐，欲加以否定。其實，面具本身並無好壞，如同水之可載舟可覆舟，就看我們如何操弄它而定。我們不能否認，人生就是一種經驗習得的歷程，我們必須學習對環境的適應，而「**社會化**」既是不可免的，於是也就不得不、不能不讓一張一張的面具掛在你的臉上、披在我的身上。

社會心理學互動理論所強調的「**印象裝飾**」，很明確地詮釋了當前變遷社會中常見的面具行為。一杯在冰菓室花五十元可以喝到的咖啡，有人就願意在面具的蠱惑下，到高級咖啡廳喝一杯二百元，甚至五百元。販售便當、蛋塔等也是如此。一些沒有很好學識基礎的經濟暴發戶，對國際性社團並未具有所需程度的認知，卻以「**捨得出錢**」而汲汲於使自己成為扶輪社、獅子會會員，並設法當上社長、會長，其內在基因亦在此。

很久一段時間沒有打掃的辦公廳舍，聽說即將有高級長官或外賓來訪，我們很可能或多或少去刷刷洗洗一番；參加宴會，出門前對鏡拉拉領帶；仕女們外出時在沒有血色的香唇抹上兩道口紅，這種門面整飾的面具行為，都是可以理解的可以接受的；因此，也就不宜把它視為偽君子的一套社交手段。

巴頓將軍是第二次世界大戰的名將，戰功彪炳。白天他從住所到營區辦公地點，總是雄赳赳、氣昂昂的大步走去；等到天黑回住所時，才「**藏身座車**」而回。因此就一直造成了他的部屬對他產生了「**一個永遠只有前進沒有後退的將軍**」的公共印象。這也是巴頓將軍帶兵常能打勝仗的原因。**蔣夫人宋美齡女士始終給人「雍容華貴」的印象，也是如此**。

綜上所述，可見我們為了因應這個錯綜複雜的環境，為了調適瞬息萬變的社會，「面具」已是必需的。如果面具的前臺行為，是善意的，是真誠的，就沒有必要以其不真、矯飾或欺名盜世來加以輕蔑，甚至還必須加以維護。但是，如果面具只是遮掩惡意的、醜陋的、罪惡的一層皮，人人自得鳴鼓而攻之，揭穿其面具，讓它曝光，現出原形，使狐狸尾巴露出來。

帝王將相前呼後擁的仗陣，是面具；探求民隱的微服私訪，也是面具。面具，有自己戴上的，也有別人給你戴上的。一個人在言行外表上的裝腔作勢，固然是面具；但一副清純樸拙的形象，也不見得就是本來的面目，它一樣可能是套上去的面具。

問題是，自己戴著什麼面具，自己心裡有數；而別人載的是什麼面具，就要靠自己細心去揣摩，以慧眼去識別。我們既生活在這個到處都是面具的世界裡，如何預知面具之下將為善或為惡，實有賴我們具有透視它、駕馭它的智慧與能力。這樣，對於協助我們、支持我們過完美生活的「面具」，也許就更有意義。只是不要放棄面具的「後臺行為」，因為那是自己可以享有、可以自我卸裝的權力。正如巴頓將軍會等到天黑返回住所時，才「**藏身座車**」而歸，除了親人或司機外，沒有人看得到他不是雄赳赳，不是氣昂昂，不像是個大將軍的樣子。

十一 和困境做朋友

波平如鏡的海洋，造就不出熟練的舵手；只有堅硬嶙峋的岩石，才能激起美麗的浪花。困境，帶給我們檢視自己、反省自己的機會，也讓我們孕育出重新出發的動力。前些日子，在因緣成熟下，我聆聽　師父法鼓山聖嚴法師的開示，他對困境，提出了「四它」的主張，特就個人的體悟加以闡述，並與各位看倌分享：

一、**面對它**：要正視困境的存在，不自欺不欺人。人生不如意十常八九，不論自己的出生、成長、做人、處事，乃至就業、創業，無時無刻都會碰到各式各樣的困境。當發現自己陷入困境後，就要坦然面對它，而不是迴避它。更不可否定困境的存在。以故意看不見問題，就認為沒有問題是鴕鳥的心態，只有使困境更為加劇；一味粉飾太平，也只有使情況更顯複雜。

二、**接受它**：要接受困境的事實，不怨天不尤人。不經一番寒徹骨，那得梅花撲鼻香。孟子：「故天將降大任於斯人也，必先苦其心智，勞其筋骨，餓其體膚，空乏其身……。」困境，不但要勇於面對，更要坦然接受。想要成大功立大業，眼前的苦難與挫折也就微不足道了。只有經得起風吹、日曬、雨淋，乃至摧殘，生命才能像花朵般燦爛，靈魂也才能更為澄澈清明。

三、**處理它**：要用智慧處理事情，以慈悲對待他人。智慧不起煩惱，慈悲沒有敵人。遇到了困境，光是窮緊張將無濟於事，而是要以智慧有條有理分析輕重緩急去處理它。**事緩則圓；迂迴，有時也會是最近的路**。有愛無恨，寬恕你的敵人，不要記仇記恨；得饒人處且饒人，理直何妨氣和。善與人處，大家都是協助你解決困境的朋友；封閉自己，對人惡言相向，時時造業，處處都有你的敵人。

四、**放下它**：世事難料，凡事勿強求，碰到了困境，用智慧認真去處理了就好，就可以安心。至於結果如何，交給上蒼去決定。山窮水盡疑無路時，也許馬上就是柳暗花明又一村。**爭，不爭一時；要爭志氣、爭千秋**。成功的定義，不一定只看結果。碰到困境，只要自己盡心盡力處理了，接著就要放下它，不要老是掛在心頭上。

古今中外，從困境中脫穎而出的人，都是我們學習的好榜樣，遠者不談，近者如口足畫家楊恩典小姐，《乞丐囝仔》一書作者賴東進先生；桃園籍著名盲人鋼琴家黃東裕先生；以及失去雙手雙臂，卻能在全國殘障游泳賽勇奪冠軍，用腳趾打電腦，現就讀花蓮花崗國中補校的蔡耀星同學等等，他們都是身處極端的困境中，為自己掙出一席之地，為自己闖出一片藍天。他們的堅持努力和所創造出的成就，都足以令身處順境的人感到汗顏、感到慚愧。

莎士比亞曾說：「**黑夜無論怎麼悠長，白晝總會到來。**」不管今天怎麼困頓惡劣；明晨，太陽依然會從東方升起。要常懷夢想，人因夢想而偉大，人生若缺乏夢想，便如折翼的天使，只能在地上爬行。我們要常保心境的樂觀，台積電張忠謀董事長：「**不思八九，常想一二**」，就是勉勵大家承認有很多不如意的存在，但要從十之八九不如意的困境中汲取智慧，並多想一二，才能跳脫而出，迎向陽光。樂觀能生希望，希望能生信心，有信心才能成功。誰能堅持最後五分鐘，誰就是贏家。

順境，人人都想要，卻也容易使我們喪失睿智和勇氣。困境，人人都不喜歡，但也不必視之如毒蛇猛獸，歐陽修在〈新五代史伶官傳序〉一文**「憂勞可以興國，逸豫可以亡身」**、**「禍福常積於忽微，智勇多困於所溺」**的話，都足以發人深省。只要我們能把困境當作是人生奮鬥的資糧，當作是行進時腳前的燈、路上的光，和困境做朋友，讓困境所產生的智慧，伴隨我們一起向前走，一定可以走出陰霾，走向成功。

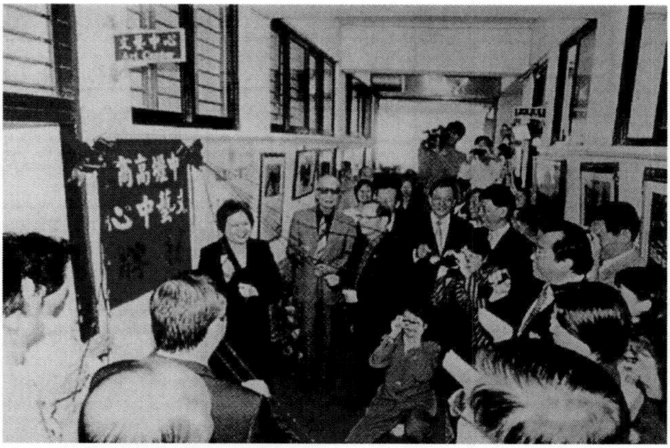

作者主持壢商文藝中心揭幕

十二 一所職校的藝術天地

今天，九十一年三月十二日，是　國父孫中山先生逝世的紀念日，也是一年一度的植樹節，本校壢商選擇今天成立文藝中心，並舉辦開幕首展，不僅在追念　中山先生對國家、對民族偉大的貢獻，更在強調他逝世之後對國人深遠的影響。政府明定以　國父逝世日訂為植樹節，真是高瞻遠矚。**「植樹」就是種樹愛林、綠化國土、保護生態**。這正是當前我們國家建設一個不可改變的價值。尤其在台灣島上，近年來，每逢颱風豪雨，可怕的土石流就到處亂竄，原本只是山區才見到的浩劫，現在變成了連都會區也會有的夢魘。可怕的是，不但有大地反撲的真正土石流，還有所謂的「**政治土石流**」、「**社會土石流**」，這些人為的土石流，更在一點一滴侵蝕著台灣的人心。

今天，台灣島上，明明是違法的山坡濫墾、林木濫伐，卻時有所見、常有所聞；而不違法的種樹植草，反而是要在多方鼓勵、努力提倡之下才會去做。種樹，不僅有益水土保持，維護生態平衡；更在開發每個人荒無的心田，成為一塊生意盎然的綠地。**只有內心存有尊天敬地，愛護大自然的人才會去種樹，才知道與大自然和諧相處的可貴與必要。**

昨天，我們在壢商校園裡又種了八棵羊蹄莢，而今天上午九時，我們更在校園內的巨榕老樹前，獻上我們師生感念感恩前人種樹護樹的黃絲帶，和祈福祝禱的紅絲帶。「**前人種樹，後人乘涼**」，我

作者(右二)參觀壢商文藝中心作品展覽

們感受到了；我們當然也要學會種樹，使在我們之後的人，一樣也能乘涼。

我個人深深以為，1、文藝的創作、表達、詮釋，乃至其生命的傳承延續，一言以蔽之，「學會種樹」而已；學會聽到人類心靈深處的聲音，學會把自己的心園開闢成一塊塊的福田而已。

2、文藝創作是一條孤寂的路。只有大家對文藝的支持、喜好、參與，創作者才有繼續創作的力量。因為有你我的關心，創作者才能感受到「文藝不孤，必也有鄰」的溫暖。像今天，在場就有多位書畫大師，不僅是「名家」，更是「大家」，在書道畫藝的成就，已然各領風騷，成就名山之業。但這些令人尊敬的藝術家總是生性內斂，曖曖內含光、鋒芒不顯不露，令人由衷的敬佩。大師們藝術境界之所以高超難名，以我私下之體悟，有一個共通點就是「**師法自然**」、「**期與天齊**」有以致之，於出入間不為塵世的煙煙火火所困，乃能脫穎而出，卓然成家。所謂，「**書到極時書亦畫，畫臻妙境畫亦書**」，其如書畫之相通，乃天人合一也。

3、文化藝術是成長的，不是一蹴可幾的。科技可以一夕數變，人文卻是靠經

年累月沉澱而來。科技使人成功；人文使人偉大。如果能以人文為體，科技為用，體用合一，庶幾備矣。科技求新，人文卻愈陳愈香。「名家」、「大家」不是天生下來就如此，不經一番寒徹骨，那得梅花撲鼻香。當我們面對一件作品、讚嘆作者所展現的功力時，我們不妨也從自己開始去動動腦、動動手。再說「文藝」的領域，無邊無際，也不一定非得以具像的東西去呈現不可。一個抽象的思維，一次觀念的形成；我思故我有，存在於自己身上的一個偉大的、超凡的、無形的概念，只要你能甘於寂寞，孤芳自賞，雖外人無從而得知，但這樣何嘗不是文藝另一個面向的表達？

4、文藝不是有錢有閒人的「專利品」，但也不應是窮人遙不可及的「奢侈品」。文藝必須走進每一所學校，走進每一間公司工廠，走進每一個家庭，這樣的文藝才能滋潤大地，才能士庶同享、雨露均霑。讓都會城市，山巔海隅，到處都存在著滋養文藝成長的土壤。我們期待有一天，每一個家庭的聚會活動，將不再計較吃吃喝喝，而是一次又一次文藝的套餐，一場又一場精神的盛宴。

5、只有文藝全面化、普及化、生活化，人類才能孕育出成熟的文明社會。

當每個師生、每個員工、每個家庭成員都是文藝的愛好者、欣賞者、創作者、乃至發表者，文藝就不會那麼孤獨，那麼霸權，那麼不可親近，因為文藝本來就是每個人追求生活品味的充實與生命內涵的提昇。政治，總在你爭我奪中吵鬧不休；我們卻要讓文藝在寧靜的環境中成長，更自由的呼吸，有更無限寬廣的時空任其悠遊。

本校壢商雖是一所職業學校，但我們畢業生升入大學、科大的人數，在所有商科職業學校評比中，一直名列前茅，而我卻一直認為職校學生，除了比例相當重的專業課程外，文藝陶冶課程實在太少了。高一每週上一節音樂課，沒上美術課；高二則是上一節美術課，又沒了音樂課；高三美、音就全沒了。因此，在課程架構未突破前，我覺得更需要為高職的學生建構文化藝術的環境，以提昇學生美感情操，提高學生欣賞能力。所以我們就認真規劃成立了這個小而美的文藝中心。就規格而言，我們自不能與縣市文化局相比，但縣市文化局也不能與國家級劇院、美術館相比。文藝的精髓，除了文化建築的規模格局外，更在於它有沒有與當地的住民一起呼吸，有沒有榮辱與共，切膚之痛的依戀情懷？「**室雅何須大，花香不在多**」，文藝一定要由點而面，朝普遍性、全面性去發展。今天本校文藝中心的成立，我們只是把對的事，趕快去做就是了。而且，本校文藝中心，除了有助於本校師生的欣賞創作之外，我們也對校外社區人士開放，實踐「**參與文化活動，大家一起來**」的理念。今天文藝中心開幕首展，請本校林浩志老師擔綱，以「翰墨凝香」為名的書畫展，是他近年浸淫翰墨不斷追求進步的作品。林老師除了勤於書畫的耕耘，更是認真教學的優秀老師，我特聘請其擔任義務職的文藝中心主任，相信在他用心策劃安排下，本校文藝中心文藝的盛宴將一場一場的推出，請大家給我們打氣，並拭目以待。

我更要在此溫馨感恩的時刻，對本校二十多位退休的同仁，在得知學校要成立文藝中心後，主動回校排班輪值擔任義工，不但為自己退休的生活塗上更多亮麗的色彩，領略服務學習、付出奉獻的樂趣與價值，也為退休人力資源之再開發利用，做了真實的見證。各位退休同仁，真的非常感謝你們對於從事教職最後一所服務的學校──中壢高商繼續的關心、支持與疼惜。

前天星期日下午，我到桃園文化局聆聽了本校前教師吳伯雄先生有關「**新世紀**

公益精神新思維」的精闢演講，深感其過了一甲子的人生歲月，真是多采多姿，今天他能從大風大浪的政治漩渦中，甚至是政治風暴中，活得通透，全身自在，並以更富人文哲理的思維沉澱自己生命的體驗，與人分享，真是難得。本校志道大樓八樓空中花園有三幅對聯，頗能況伯雄老師的心境。「**智愚事過皆陳跡，寵辱不驚即是禪**」，「**人莫心高自有生成造化，事由天定何須苦用心機**」，「**睡到二三更時凡功名都成幻境，想到一百年後無少長俱是古人**」。何所爭、何所求，心靈的改革，不就是要我們有這樣的認識嗎？

各位的祝福，是我們前進的力量；各位的期待，是我們努力的責任。全校師生一定在大家熱忱的鼓舞之下，追求更卓越的教學品質，開創更具文藝內涵的教學成果。

十三 佳聯妙對滿校園

聯園一隅

我校壢商，原有中正堂建物乙座，始建於民國五十三年五月，同年十一月即落成啟用，樓高二層，專供學生社團及大型集會之用，均在第二任謝濟眾校長任內促成其事。

三十多年來，**中正堂不僅是校園的地標，更一直是陪著壢商莘莘學子成長的記憶。**

惟中正堂年久失修，已呈老態，且有龜裂現象，余於民國八十五年八月接掌壢商前，中正堂即被政府列為危險建物，必須加以拆除。但因新建學生活動中心—游藝館尚未完成，致多項重要慶典活動仍在此舉辦，每見眾多師生、家長、外賓在此危樓中，無不心驚膽顫，默求平安、萬勿出事。

迨余將情向上級政府反映，且鑒於本校校園狹小，無停車場可供日益增多之車輛停放，乃於台灣省精省前，獲得省府核准，分三年編列預算，在中正堂原址進行拆建。歷經三年改建，專科教學大樓─志道大樓終於在九十年五月以嶄新的地標矗立校園。此棟大樓除地下一、二樓為車庫外，地上共八樓，分別規劃為美術教室、音樂教室、特教教室、資訊教室、商科專業教室、一般教室、學生社團辦公室，及可容納二○九人開會之「**講義堂**」等。而第八層樓，特闢為「**空中花園**」，以增加師生活動之空間。

稱空中花園，因其位在半空中；而又以極多的對聯為設計主軸，故名曰「聯園」。園內面積約三百坪，有一座透明電梯可直達八樓到此，從花園邊鏤空的玻璃窗向外鳥瞰，中壢市街景盡收眼底。

園壁繪有中正國際機場及石門水庫兩幅圖畫。前者是台灣前進國際與世界接軌的最大空港，每年數以萬計的中外人士在此進進出出，使桃園成了「**國之大門**」，是當前台灣重大的交通建設。而石門水庫，對桃園甚至台灣地區之灌溉、防洪、觀光及發電等，都發揮了極大的功能，乃利益民生之水利建設。截至目前，中正機場與石門水庫，應是目前縣境內最具指標意義的兩大建設。機場圖，從起飛的飛機，看到了台灣邁向世界舞台的英姿。水庫圖，又讓觀者有浸沉仙境勝景，得到山山水水擁抱的喜悅。

花園中間上方，設計裝置了一座太空梭，造型極為特殊，且異常醒目，由遠處或中山高速公路上，朝壢商方向看，第一個進入眼簾的，就是這座凌駕大樓上的太空梭，顯得威風十足。

壢商校園巨榕下的歡笑

因此園位在高樓上，北風呼呼，栽植花草誠屬不易，但在學校工友勤於照護下，所鋪草皮、所種花卉皆已存活；如今花花草草，翠綠盎然，足可賞心悅目矣。

此園既名為「**聯園**」，自是以對聯為布置主題來表現。這些洋洋灑灑、林林總總書於牆壁廊柱上之對聯，大部分係余自對聯大全、對聯精華等類書中挑選；亦有時人智慧之語；更有余多次赴大陸旅遊參訪名勝古蹟時，將所見較佳者順手抄回賞翫；及余興來所杜撰者。揆其內容，大抵為：（一）勉勵勤學、飽讀詩書；（二）勸人向善、敦品篤行；（三）勉人為國家為社會奉獻；（四）怡情養性、吟詠風光，及若干諧趣橫生之作。惟雖名為對聯，但對仗不工穩者所在多有，蓋重點在取其義而已。

日前，摯友智慈兄自美返台；並風塵僕僕來校造訪。渠亦壢商校友，久居異邦，雖事業有成，然在彼此魚雁往返間，深感其時懷鄉土之思，對壢商母校更是鍾情念舊，實一可交之性情中人。

智慈兄自壢商畢業，已近三十年，久別歸來，興奮莫名，一踏進校門，對校園之綠化美化，校舍之更新，一再驚羨不已。余在陪同參觀途中，復告以壢商近年來優異的教學成果，更使他有「**長江後浪推前浪，焉知來者之不如今也**」之讚嘆。

智慈兄在校園之耕心亭、植福園、游藝館、蒙多跑道上、資訊大樓及文藝走廊，皆緩步徐行，仔仔細細瀏覽。最後帶他到志道大樓，上八樓觀賞空中花園時，面對滿滿的對聯，竟佇足不去，從頭到尾，誦唸一遍，並告余曰：「參觀了空中花園，能看到這麼多發人深省的佳聯妙對，是我此行回母校最貼心的收穫。」

今特將呈現於園中之對聯，擇錄五十首，以貽摯友，秀才人情，應是智慈兄樂於笑納之禮，除可供其在美充做治療思念家鄉、想望母校的聖品外，也讓尚未前往空中花園觀賞的師生、校友及各位看倌共同分享：

中華兒女允文允武義以為利品自高

壢潤子弟克勤克儉利用厚生志在商

壢校栽培桃李秀

商教作育棟樑材

書乃至寶一生勤讀
心作良田萬世深耕

入世總須求學早
再生還要多讀書

增福慧莫如積善
明心性還是讀書

處世要讀書尋個門徑出身才好
做人不作事並此飲酌喫飯都難

廢話少說兩句
好書多讀幾行

看盡天下奇景唯有讀書樂
嚐遍世間美食還是菜根香

有萬卷書貧亦樂
仗一枝筆老猶雄
松風臨水朝磨劍
竹月當窗夜讀書
胸有詩書氣自華
心無欲求品自高
書到極時書亦畫
畫臻妙處畫亦書

種數竿竹能卻俗
讀半卷書可養心

勿謂今日不學有來日
勿謂今年不學有來年

開口便笑笑古笑今萬事付之一笑
大肚能容容天容地於人無所不容

克己最嚴須從難處去克
為善必果勿以小而不為

智愚事過皆陳跡
寵辱不驚即是禪

人莫心高自有生成造化
事由天定何須苦用心機
睡到二三更時凡功名都成幻境
想到一百年後無少長俱是古人
遠必自邇高必自卑為學在進行不為中道所阻
德成而上藝成而下讀書皆有用要憑全力以赴
文章千古事
富貴一陣風
慈悲沒有敵人
智慧不起煩惱

做數件可驚可喜之事
交幾個有情有義的人

交友須帶三分豪氣
做人要存一點素心

儉美德也過則為慳吝為鄙嗇反傷雅道
讓懿行也過則為足恭為曲謹多出機心

要為成功找方法
莫為失敗找理由

十口心思思國思君思社稷
八目尚賞賞風賞月賞秋香

澹泊清心一片素
敦厚明德皆在直

風聲雨聲讀書聲聲入耳
家事國事天下事事事關心

千人萬人之情一人之情也
千人萬人之心一人之心也

走在徑路窄處
留一步與人行

獻身甘作萬矢的
著論求為萬世師

致廣大而盡精微
極高明而道中庸

做個好人心正身安魂夢穩
行些善事天知地鑒鬼神欽

捨得捨得
能捨才得

看重自已是智慧的開端
欣賞別人是快樂的泉源

客上天然居
居然天上客

奇思忽來書堪下酒
豪情一往雲可贈人

待足幾時足知足自足
求閒何日閒偷閒便閒

文章極處無有他奇只是恰好
人品極處無有他異只是本然

何須待零落
始知一切空

羨君有酒能便酌
羨君無錢能不憂

有之以利
無之以用

寧賣祖宗田
不忘祖宗言

要怎麼收穫
先要怎麼栽

明月有時懷中照
清風徐來水上波

春風放膽來梳柳
夜雨瞞人去潤花

雷不驚人在豁原非真霹靂
泉能擇物出山要有熱心腸

剪月裁雲好花四季
穿雲疊石流水一灣

客中客入畫中畫
樓外樓看山外山

輯三

附錄

一 躍動

躍動——前進是前進；
後退也前進。

躍動——不只在身軀；
更在於心智。

躍動——沉澱了歲月；
豐富了生命。

躍動——伸展律美的軌跡；
記憶成長的圖像。

沉澱歲月，豐富生命

二 起飛

「起飛」，
「起飛」，
多麼令人亢奮心跳的盼望！

想要起飛？

之前，必須承受時空的淬煉，
之前，必須蓄足振臂的能量，
之前，必須面對學習的挑戰。

擁抱晨曦，
因為熬過了長夜的等待；
獲得成功，
因為經歷了無數的挫敗。

當肢體矯健，
當羽翼豐美，
當智慮純熟；
自有一個載夢起飛的位置，
自有一個理想實現的高臺。
展翅高飛，
哇塞！
終於翱翔天際了！

載夢起飛，實現理想

三 感激有您

走入明星，
踏進武陵；
深覺：教育才是最最平凡的一番偉大！

這裡有老師最多的愛！

像慈母拿著針線，
縫織一件件的黃衫綠衣；
要把信念與堅持，
披在莘莘學子的身上。

師長的照拂，
學生的孺慕；

在茄苳溪畔交會發光，
在武陵校園滋榮激盪……。
一年，一年，又一年……。
終於寫成一部『武陵經驗』的傳奇！
付出—一如父母對於子女，
既無怨也無悔；
分享—視學生為親密夥伴，
師生喜悅成長；
回饋—必然滿園桃李芬芳，
必然豐沛情長。
最最期待—
承諾那個相約信守的誓言！
實現那個師生共築的美夢！

每個武陵學生都是明日之星

四 金牌老師

在生命游走的歲月中
您執著地把寶貴的青春
無怨無悔地奉獻給教育

四十個寒暑
千枝萬枝的粉筆塗白了您的雙鬢
一萬四千六百個日子
千言萬語的叮嚀添加了您的皺紋

您為社會
培育了無數有為的青年
您為國家
造就了各領風騷的英才

您是經師
您給了學生知識和方法
您是人師
您給了學生價值與典範

您的志業　庠序留芳
您的教澤　譽滿杏壇
在莘莘學子心中
您——一位永遠令人懷念的金牌老師

作者（右一）陪侍教育廳劉前廳長白如先生（左二）

五 人間五月天

五月了
人間依舊盪漾著
很徐志摩的氛圍

戀天
戀地
還戀著生命中拭不去的糾纏

因你豐美的詞藻
鼓舞瀕臨絕望的傷痛
因你慧黠的巧思
捕捉剎那一閃的靈光

「藝林雅集」，民間版慶五四在壢商

因你創意的揮灑
塗繪代代傳世的永恆
深耕斯土
大愛桃園

看你
看到了最初始的澎湃
聽你
聽到了最天籟的呢喃
藝文
才有巨大如此的震撼
才有特多如此的感動
在這人間的五月天

（按：新世紀第壹年「二〇〇一」五月八日，余以慶五四之名，柬邀尊敬的縣籍藝文界前輩先進蒞校作客，以表對渠等致力創作，深耕斯土，大愛桃園之感謝，並名之曰「藝林雅集」。是日上午於壢商植福園巨榕之蔭，老中青三代，群賢畢集，共品茗，聞絲竹，賞花鳥，各言爾志，氣氛溫馨，情調滿分，實我校難得一見之盛會也。爰作此詩以誌念）

六 生命是一首詩

生命是一首詩

歲月串成一條長長的河
從源頭，蜿蜒到出口

一年四季

滴翠（春）
益紅（夏）
醉黃（秋）
吟白（冬）
每個人各以不同的形式
塗繪著自己生命的軌跡

生命的企盼
在於朝迎晨曦的曙光
在於夕覽落日的彩霞

在歲月的長河上
揮灑生命由你
揮霍生命由你

作者設計之「春夏秋冬」裝置藝術

作為自己生命的主人

任智慧高低、任根器利鈍
能想望的懷抱期待
該割捨的不再牽掛
要成就的全力以赴

詩，是生命的本然、是心靈的歸宿

詩不必是文字的砌築
詩不必是音聲的吟頌
詩也不必是框框架架的規矩

生命，一首走走停停、桀驁難馴的詩

生命，不只是一陣陣脈搏的顫動

生命，不只是一顆顆思絮的起伏

（按：筆者於91年3月創作裝置藝術「春夏秋冬」作品乙件，懸置於中壢高商文藝中心，並為此作品寫這一首小詩）

七 祝勉新人

百年宿緣天作合
締結鴛盟成夫妻
宜相敬如賓互信互諒
要一生扶持彼此分享
勤儉可以豐家強身
逸豫將失有限根本
清淡自有甘味
浮誇不會久長
真學問苦中求
好涵養貴力行

不思八九
常想一二

平平凡凡做平凡人
正正當當做正當事

綿世澤須廣積陰德
振家聲要多讀好書

澹泊清心一片素
敦厚明德皆在直

素素直直
如如如如

經營美滿婚姻
建立幸福家庭
就是這樣

八 常懷青綠情

吳正牧校長主持壢商六年誌念
中壢高商國文教師陳國威作

其一 七陽韻

獻身教育眾稱揚　公正無私植棟樑
建設壢商功燦爛　栽培才俊績輝煌
辛勤辦學春風播　刻苦施仁義氣昂
策劃藍圖詳具備　前程錦繡校隆昌

其二 一東韻

以身作則頌聲隆　商業傳薪建偉功
教導人才成國士　弘揚道德挽民風
滿園桃李沾恩厚　全校師生受惠豐
升學前茅詩誌慶　杏壇典範眾推崇

其三　一先韻

教育猶如種福田　六年治校口碑傳
學園水電裝修畢　司令臺高訓導宣
律己無私培將相　誨人有道出英賢
屢蒙頒獎功堪頌　典範長垂入賦篇

其四　四豪韻

循循善誘不辭勞　美化黌宮一手操
鼓勵進修成國棟　宣揚文藝出英豪
愛心教育風評好　升學提昇業績高
有義有情身作則　功勳德澤受榮褒

其五　一東韻

勤勞奉獻頌無窮　作育英才眾所崇
樹木樹人歌盛德　教忠教孝仰高風
愛心辦學培俊賢　致力行仁建偉功
評鑑特優垂典範　滿園桃李沐恩隆

興建游藝館　七陽韻

英姿雄偉冠台疆　巨廈凌雲聳碧蒼
溫水泳池施教課　羽球場闊育賢良
藝文唱跳培才俊　歌舞聯歡植棟樑
館備齊全多樣化　師生受惠永留芳

志道大樓竣工　七陽韻

十樓大廈聳輝煌　迎日凌空兆吉祥
輪奐齊全宏傑構　巍峨壯麗仰堂皇

專科教室春風暖　屋頂花園草木香
地下停車功浩蕩　詩文滿架永芬芳

雅築耕心亭　一先韻

耕心亭內樂陶然　典雅風光別有天
池水小橋堪嘯傲　涼亭綠草好留連
游魚擺尾詩情爽　金鯉揚鰭景色妍
嘉惠師生休憩地　尋幽野趣入吟篇

闢建植福園　一東韻

名園植福畫圖中　滿目琳瑯淑氣融
花草涼亭成勝境　木橋池水爽吟衷
鯉魚唼藻翻波浪　天使浮雕傍樹叢
盆景巨榕枝葉茂　留連不覺夕陽紅

改建大操場　七陽韻

蒙多跑道美操場　運動強身志氣昂
舒適安全光翰苑　齊全設備惠邦鄉
籃球比賽人爭仰　田徑奔馳眾讚揚
色彩繽紛開眼界　推行體育校隆昌

整建校門　七陽韻

黌門重建美名揚　設計新穎頌八方
壯麗臺階宏傑構　巍峨學府仰華堂
矮牆圍繞春風沐　巨樹濃蔭化雨長
別出心裁奇景秀　光明大道志高昂

綠美化校園（一）　十一尤韻

巍峨學府爽吟眸　遍地馨香景色幽
植福園中聞鳥語　耕心亭畔賞魚游

美不勝收的運動場

名花異草鶯聲巧　奇石高松蝶翅柔
巨廈樓臺桃李秀　詩情畫意樂悠悠

綠美化校園（二）　六麻韻

校園雅致景堪誇　花木扶疏襯彩霞
日暖樓台開錦萼　陽和牆角吐奇葩
黌宮壯麗吟情爽　教室清幽逸興嘉
萬紫千紅爭冶艷　春風化育樂無涯

綠美化校園（三）　一先韻

巍巍黌舍聚群賢　草木扶疏景色妍
浥露瓊葩爭冶豔　臨風錦萼鬥嬋娟
樓台花卉詩情爽　教室書聲韻味傳
几淨芸窗光皎潔　千紅萬紫好留連

成立文藝中心（一）七陽韻

中心成立客盈堂　**壢**校師生頌八方
高貴丹青羅錦繡　**商**科繪畫亦琳瑯
文風興盛英才聚　**藝**術芬芳翰墨香
中掛佳篇臻上品　**心**傳國粹美台疆

成立文藝中心（二）七陽韻

中心成立美名揚　嘉惠師生頌八方
花鳥雲山憑藻繪　漁橋江水落縑緗
龍飛鳳舞丹青麗　鐵畫銀鉤錦繡章
文藝琳琅稱上品　流連欣賞樂無疆

壢商藝林雅集　一先韻

藝林雅集聚群賢　喜結蘭亭翰墨緣
植福園中揮健筆　壢商校內賦佳篇
悠揚絲竹吟情爽　嘹喨歌聲志節堅
品茗賞花留韻事　聯歡盡醉樂無邊

游藝館是聚會活動的樂園

九 記吳校長在壢商的日子

中壢高商楊慶欣主任

吳校長正牧先生通過教育部遴選，轉任國立武陵高中校長，轉眼之間，已經半年有餘了；我對他的仰慕與思念，卻沒有隨著時光流逝而稍減，反而日益鮮活濃郁，尤其當工作遇到挫折或無助時更甚。回憶起六年來，吳校長帶給壢商豐碩的建樹，實非三言兩語可以道盡。我個人由於兼任學校行政職務，時常和吳校長一起開會共事、出國旅遊，因此得以長時間、近距離觀察這位出色卓越，值得尊敬的教育工作者，所得印象想必也較為接近真實，而非捕風捉影、或道聽途說。是以不揣淺陋，綴此粗篇，以表對吳校長的敬重與懷念之忱。

民國八十五年八月二日，強烈颱風賀伯剛過，吳校長自屆齡退休的陳峰津校長手中接過壢商的印信，吳校長即說：「**印信不重，重的是接過印信後的責任。**」那天我在臺下觀禮，雖然吳校長擁有政治大學教育學碩士學位，但說真的，當時我心裡還有點懷疑這位新科校長，能否順利接下前任那位苦幹實幹、事必躬親，屬於拚命三郎，頗受敬重的陳校長的棒子，所以也只有拭目以待，靜觀他日後的才華與表現了。

吳校長接任後的第一次校務會議，就發出豪語：「壢商，我要妳更昂然、更挺拔地站起來。」緊接著就提出他具體的辦學理念：**有情有愛，才有教育；實力第一，教學為先；強化四教（言、身、境、制教），務實創新；升學就業兼顧，讀書做人並重**。他希望壢商的學生人人能勤學習，有強烈求知慾；會思考，富創造力；會綜合，富統整力；能自立，有判斷力；在遇到挫折時，更有高度的容忍力。這些教育的基本理念，凝聚成他在壢商為時六年的辦學指南與目標。

我看有的校長當得似乎蠻輕鬆愉快的，但吳校長卻不然，儘管有時血壓高升，仍不肯放下手邊的工作。歸因起來，不是他能力不足或不懂得分層授權，而是他太過於追求完美、凡是要求「**零缺點**」所致。他常常在三更半夜、夜闌人靜時，苦心擘畫壢商的軟硬體建設，或者讀書寫作來勗勉全校師生。然後在第二天晨光初露時，又風塵僕僕，獨自駕車從台北趕到學校來上班，六年如一日。

以我的觀察和體驗，吳校長在壢商，給我感受最深刻的是：

他是一位爭取建設經費的高手。在他六年任內，首先接續陳前校長完成了游藝館—學生活動中心後二年的興建工程，館內有溫水游泳池、禮堂、籃球場、羽球場和健身房等，設施完備。完成操場的整建，並鋪設最高級的蒙多跑道和司令台之改建。收回長年被軍方佔用約五百坪之畸零地，並在上面闢建一片景色怡人的植福園。在學校廢置空地蓋了一座典雅的耕心亭。成功改造信義大樓前的中庭花園。耗資近一億七千萬新建了志道大樓，這是一幢內含專科教室、演講廳、辦公室、會議室、空中花園和一百五十個停車位的多功能綜合大樓。學校正門之外移整建；側門及警衛室之增建。加蓋學生腳踏車棚；校園中不鏽鋼藝術雕塑之設置。實施辦公室自動化；電腦資訊教學設備之充實、會議室之整修；學生樂隊樂器和服裝之添購。完成校內殘障走道等無障礙設施；校園水電、電信管路之鋪設整修；電子看板、學校配置圖之設置等。處處都可看到吳校長認真規劃，籌措經費，用心督辦每一項建設的痕跡。如新建側門警衛室原設計窗戶過少，無法達到瞭望周邊的效果，即立刻要求建築師修改設計圖；而土木工程灌漿時，他必到現場監看，這些都是吳校長任事用功的明證。

他是一位兼具教育行政與企業管理的校長。他曾任台灣書店總經理，因此處理校務行政，很有企管概念，凡事追求成本與效益，這在教育界是很難得的人才。他極為重視行政效率，也留意公文的書寫繕打，曾兩度開班親自指導行政同仁公文處理，期能提升學校公文製作的品質，免得貽笑大方；但吳校長說「公文」辦再好也比不上把「公事」辦好。他對行政工作的要求順序是：（一）**正確—依法行政、照章辦事**；（二）**速度—敏捷的行政，服務的行政**；（三）**美感—有人情味的行政，令人悅納的行政**。此外，對公文處理，他有個十六字訣：「**瞻前顧後，旁敲側擊，左思右想，破繭而出**。」這些口訣心傳真的都很管用。他要求每月彙報各處室公文處理狀況，不許積壓公文，並應儘速歸檔。各項會議紀錄必須在三天內完成並送閱；重要行事均一一列管以便追蹤考評。在他任內，壢商建立了極為嚴謹的文書處理制度。對於學校水電費、電話費、瓦斯費，乃至郵票支出，亦要求主管單位按月提出統計數字，以了解有無異常現象發生。

他是一位推動文化、藝術教育的舵手。他曾廣邀藝文界耆宿到壢商校園現場吟詩、作畫、揮毫；把舊的校長室改裝成「文藝中心」，定期展出各類藝術創作，還親自指導製作一件「春夏秋冬」象徵人生四季的裝置藝術，鑲嵌在文藝中心的天花板上，並賦詩以誌之，其中「**揮灑生命由你，揮霍生命由你**」成為膾炙人口的佳句；他把家中收藏的字畫拿來布置壢商的文藝走廊、辦公室，使得原本生硬的建築，頓然活潑鮮明起來，校園到處充滿著藝文的氣息。

他是一位勤於寫作、樂在出版的校長。每逢開學典禮、運動會、校慶、元旦、畢業典禮或遇到特殊的活動，常會寫篇文章來勗勉。至今，他已有五本著作印行問世。他也重視出版，壢商每學期都要出版《壢商校訊》、《輔導專刊》；每學年出版《壢商學校概況》、《壢商青年》、《壢商學報》；更難得的是親自指導完成了一本可以媲美ISO的《壢商識別標準作業手冊》。這些出版品大都經他企畫、審稿、編排、美工，甚至連校對，他也著力甚多，為的是力求完美，將錯誤降至最低。而且還大幅提高稿費，以增強師生投稿之誘因。感覺上他是曹丕所主張「**文章經國之大業，不朽之盛事**」的信徒，就誠如他在壢商學生之學習護照所題：「凡是走過的，必留下痕跡；凡是表現好的，都要留下紀錄。」他就是這麼一位勤於寫作，且執著於文字魅力的首長。

他是一位得獎的常青樹。由於吳校長平日治校態度嚴謹積極，領導統御有方，且善於建構學校願景，再加上全校師生的努力配合，治校六年，壢商獲得：全省綠化美化有功績優學校；教育部高職校務評鑑優等學校、實施民主法治教育優等學校、辦理體育教學優等學校、實施交通安全教育優等學校；消費者保護教育獲行政院評為優等第一名；而師生在乙級、丙級技術士檢定通過之人數更遙遙領先同級學校。可說教育界大獎項的殊榮壢商都因實至而名歸，得到了上級的獎勵與肯定。

他是一位重視生活教育和升學輔導的校長。吳校長到任後，重視學生生活教育，要求學生服儀整齊、有禮貌、守秩序、愛整潔。他也深切體悟「**貧者因書而富，富者因書而貴**」的真諦，因此鼓勵學生一定要用功多讀書，以開啟生命的智慧。在他任內，本校畢業生之升學率直線竄升。考上國立大學增幅之速度，更是驚人。吳校長更將壢商催化成一**所學習型組織的學校**，他一再鼓勵教師到研究所在職進修，六年間，有三十人考取研究所，其中半數以上已獲得碩士學位。此外，校內的研習進修活動和教師讀書會的成立，亦對師資素質的提升大有助益。吳校長常說：「**教師不成長，學生不成長**。」就是在勉勵老師進修，以帶動學生進步。

他是一位尊重歷史與珍愛文物的校長。他費盡心思整理校史室，把文物史料列冊件件編號、物物定位，妥善保存。缺漏的設法補足，並不斷增添新史料。遇有重要活動都開放校史室，以供各界來賓及師生校友參觀，用以感念前人奮鬥的艱辛，並惕勵未來。他為了探求校歌是何人作曲填詞，不辭辛勞到處去打探消息；他翻箱倒篋只為了找出壢商核准設校的公文。這種尊重歷史、致力蒐羅與妥善保存史料尋根、護本的精神，非常值得吾人稱許讚佩的。攝影、錄影亦可輔助文字對歷史記錄之不足。有一年校園花開甚美，吳校長即邀請同仁中具攝影專長的劉漢平主任、羅仕坤組長和本校曾獲郎靜山攝影獎的得主洪力合老師，共同把校園美景拍下，印製成校景明信片供貴賓及師生欣賞、使用。此外，學校舉辦各項重大活動，吳校長也都派有專人負責攝影和錄影工作，事後皆詳加整理以便於日後觀賞、應用與保存。

他是一位如詩人般感性的校長。全校二百位教職員工生日他都會親自奉上生日賀卡，並致贈精緻蛋糕；農曆春節送同仁紅包賀年；教師退休時親撰「金牌老師」詩作以贈，金牌銀盾、禮金餐會，外加合影留念，禮數之周到，儀式之隆重，氣氛之溫馨感人，即使職員工友退休亦然，在在令人難忘。他對同仁的婚喪喜慶都能親臨致意，對學生的重大變故、安全維護也都能充分關心，並隨時獎勵表現績優的師生。他熱心指導實習老師，每月批閱他們的實習報告，為的是要培養優秀的師資來教育下一代。他也常說：「**有怎樣的老師，就有怎樣的學生**。」公餘得空，他更會捲起袖子；和工友一起修剪花木、除草澆水。像庭園造景、奇石題字等都難不倒他，對於營造一個舒適幽靜的教學環境，他真是用心良苦。

他是一位學校行政與公共關係兼顧的校長。吳校長致力於行政經驗的傳承，一再鼓勵同仁力爭上游，多承擔經營學校重任，多為社會服務。如教務主任劉裕元提早退休接任新生醫校校長；教務主任黃成輝退休後出任清華高中教導主任；訓導主任葉佳文參加甄選成為國立新店高中校長；李麗芳和周秀英老師榮獲桃園縣教師會的POWER教師獎，羅仕坤老師擔任全國教師會理事，乃至鼓勵實習主任徐明廷等具備高中職校長遴選資格的主任參與甄試。凡此亦都足以顯示吳校長強將手下無弱兵。吳校長在公餘之暇並與各界仕紳互通往來，尤其若有校友競選公職，不論其為何黨何派，必親自前往加油打氣。且平時不忘與校友保持良好聯繫，並尋求廣大校友能盡己所能回饋母校。

他是一位募款與推行志工的能手。吳校長到壢商後，戮力把「壢商文教基金」規模擴大，基金已高達四百五十萬元，以其孳息幫助許多家境清寒學生，協助充實學校的設備，而每年的運動會、校慶活動，他都能提出校務發展計畫，描繪願景，自己率先捐款，再發動家長、同仁、校友和社會賢達慷慨解囊、踴躍捐輸，都能籌募到相當數量的經費，在這目前一片喊窮聲中倍覺可貴與值得珍惜。他也積極推動退休教師回校擔任志工，義務支援人力；學生的公共服務措施，也是甚早就極力在推展，且頗具成效。

他是一位留意細節又能建立制度的校長。民國八十八年八月一日附設「進修補習學校」改稱「進修學校」；民國八十九年二月一日本校由「台灣省立」改制為「國立」，導致包括校門銜牌、校旗、公文信封、各類章則辦法、電腦網站等諸多地方都需隨之修改，非常瑣碎、費時費工費錢，但在吳校長要求名實必須相符的叮囑下，在很短時間內全面完成，而有些只是小幅修改後即可繼續使用者，則又基於愛物惜福之原則，要求使用到物盡為止。吳校長也要求各類告示張貼要擺正，圖釘、磁鐵要用同一顏色；同一間廁所芳香劑要使用同一香味；出差參加研習或開會回校要繳交報告等。他更率先實施校園全面禁菸制度。而他完成的《壢商識別標準作業手冊》可以避免行政事務之處理雜亂無章，節省往後人力物力之浪費，壢商也從此有了醒目易記的LOGO，協助打響學校的知名度。其他像「校外競賽優勝師生獎勵辦法」、「校園開放」、「運動場、游泳池、地下停車場」等使用規則之制訂，都可看到吳校長留意細節用心斧鑿的痕跡，其目的無非在建立壢商可長可久的根基。

行政工作千頭萬緒，實在無法面面俱到，吳校長也深知行事錯誤在所難免，所以靜下來時，他常要求部屬知友指出他的缺失，以便自我檢省修正。比如他深知由於求好心切帶來個性之急躁，實為很不好之修養，而一再警惕自己要放慢腳步。以我的瞭解，吳校長是一個可以接受善意建言或批評的人；但對出於惡意的譏諷或嘲弄，他也會強烈予以反擊，或隱忍下來久久不發。

吳校長在壢商身兼三職（日校校長、兼附設進修學校校長、兼台北商專中壢教學輔導處主任），辛勤六年，不但點子多、觀念新，而且在行動上劍及履及。在他領導下，壢商不論日校、附校或空專輔導處之運作，皆已上了軌道而且欣欣向榮。正當他可以好好享受成果之際，吳校長卻基於自己生涯的規劃，參加教育部校長遴選，並在激烈競爭過程中脫穎而出，榮任他的母校武陵高中校長，從明星高職校長轉任明星高中校長，相信他必能再展長才，使人人稱羨的武陵更為茁壯。

雖然有人說：「**離別是力量的擴張**」，但自吳校長他調後，我還是難掩心中的落寞與不捨，只有衷心感念這位曾經領導、提拔和指導我甚多，並對我期許甚高的長官，我默默祝福吳校長永遠健康快樂、闔家平安如意。長懷青綠情，武陵壢商兩校近在咫尺，盼望吳校長常回壢商走動，大家得以永續前緣，彼此分享對教育的關懷與人生的體驗。

（92年5月《壢商青年》）

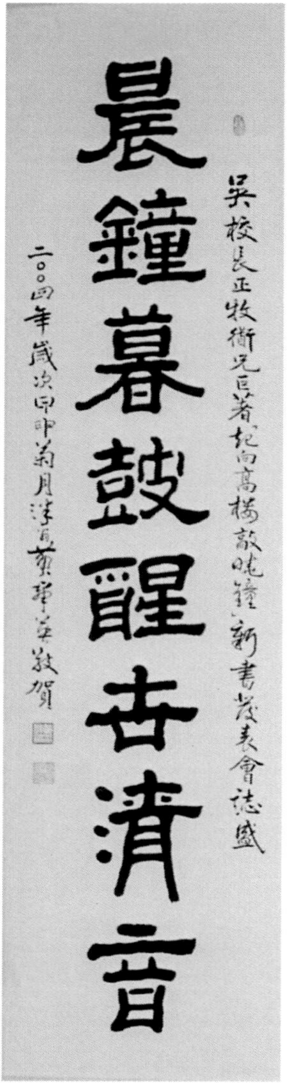
晨鐘暮鼓醒世清音
吳校長正牧衛兄巨著「起向高樓敲晚鐘」新書發表會誌盛
二〇〇四年歲次甲申菊月
敬賀

國家圖書館出版品預行編目

起向高樓敲曉鐘：一個杏壇園丁的教育情懷／
吳正牧作. -- 二版.
臺北市：秀威資訊科技,2005[民 94]
面；　公分. -- 參考書目：面
ISBN 978-986-7614-96-4（平裝）
1. 教育 - 論文, 講詞等

520.7　94001308

社會科學類　PF0003

起向高樓敲曉鐘（二版）──一個杏壇園丁的教育情懷

作　　者 / 吳正牧
發 行 人 / 宋政坤
執行編輯 / 李坤城
圖文排版 / 張家禎
封面設計 / 羅季芬
數位轉譯 / 徐真玉　沈裕閔
圖書銷售 / 林怡君
網路服務 / 徐國晉
出版印製 / 秀威資訊科技股份有限公司
台北市內湖區瑞光路 583 巷 25 號 1 樓
電話：02-2657-9211　傳真：02-2657-9106
E-mail：service@showwe.com.tw
經 銷 商 / 紅螞蟻圖書有限公司
台北市內湖區舊宗路二段 121 巷 28、32 號 4 樓
電話：02-2795-3656　傳真：02-2795-4100
http://www.e-redant.com

2006 年 7 月 BOD 再刷
定價：300 元

讀　者　回　函　卡

感謝您購買本書，為提升服務品質，煩請填寫以下問卷，收到您的寶貴意見後，我們會仔細收藏記錄並回贈紀念品，謝謝！

1.您購買的書名：______________________________

2.您從何得知本書的消息？

☐網路書店　☐部落格　☐資料庫搜尋　☐書訊　☐電子報　☐書店

☐平面媒體　☐ 朋友推薦　☐網站推薦　☐其他___________

3.您對本書的評價：(請填代號　1.非常滿意 2.滿意 3.尚可 4.再改進)

封面設計____　版面編排____　內容____　文/譯筆____　價格____

4.讀完書後您覺得：

☐很有收獲　☐有收獲　☐收獲不多　☐沒收獲

5.您會推薦本書給朋友嗎？

☐會　☐不會，為什麼？____

6.其他寶貴的意見：____

____

____

____

讀者基本資料

姓名：_____________________ 年齡：______　性別：☐女 ☐男

聯絡電話：_________________ E-mail：_____________________

地址：____

學歷：☐高中(含)以下　☐高中　☐專科學校　☐大學

☐研究所(含)以上 ☐其他________________

職業：☐製造業 ☐金融業 ☐資訊業 ☐軍警 ☐傳播業 ☐自由業

☐服務業 ☐公務員 ☐教職　☐學生 ☐其他__________

請貼
郵票

To：114

台北市內湖區瑞光路583巷25號1樓

秀威資訊科技股份有限公司　　　　收

寄件人姓名：

寄件人地址：□□□

(請沿線對摺寄回,謝謝!)

秀威與BOD

BOD（Books On Demand）是數位出版的大趨勢，秀威資訊率先運用POD數位印刷設備來生產書籍，並提供作者全程數位出版服務，致使書籍產銷零庫存，知識傳承不絕版，目前已開闢以下書系：

一、BOD 學術著作—專業論述的閱讀延伸
二、BOD 個人著作—分享生命的心路歷程
三、BOD 旅遊著作—個人深度旅遊文學創作
四、BOD 大陸學者—大陸專業學者學術出版
五、POD 獨家經銷—數位產製的代發行書籍

BOD 秀威網路書店：www.showwe.com.tw
政府出版品網路書店：www.*gov*books.com.tw

永不絕版的故事・自己寫・永不休止的音符・自己唱